いちばんカンタン！

米国株の超入門書

安恒理

高橋書店

最速？米国株の魅力！

1

経済大国の米国株は成長を続ける

2

1株から購入可。少額から始められる

地球上15秒でわかる

3

年に4回の配当がもらえる

4

世界的な企業が多く、グローバル投資ができる

米国市場は成長を続けている

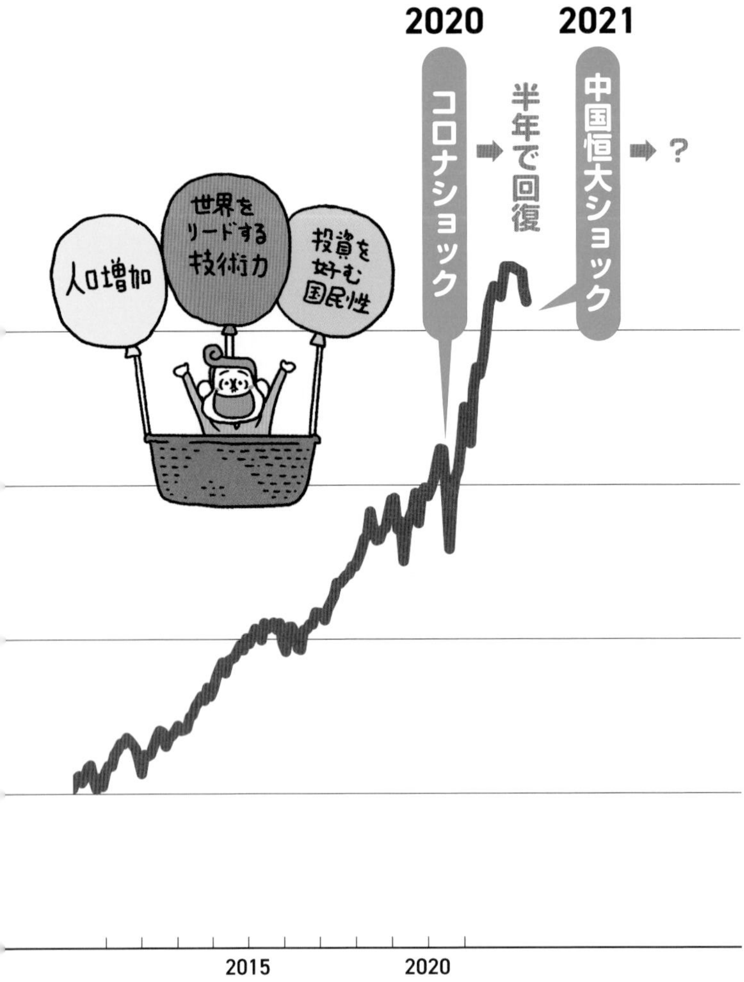

長期で上昇を続ける米国株

米国は世界一の経済大国です。日本株がバブル経済以降、長く低迷したのに対し、米国株は着実に上昇を続けてきました。

主要な株価指数S&P（日本でいう東証株価指数）を見ても、その強さがわかります。1987年のブラックマンデー、2008年のリーマンショック、2020年のコロナショックと、いくつかの経済危機で一時的に下がりましたが、必ずそれ以上に上昇し続けています。

いくつもの暴落を乗り越え成長を続ける米国市場

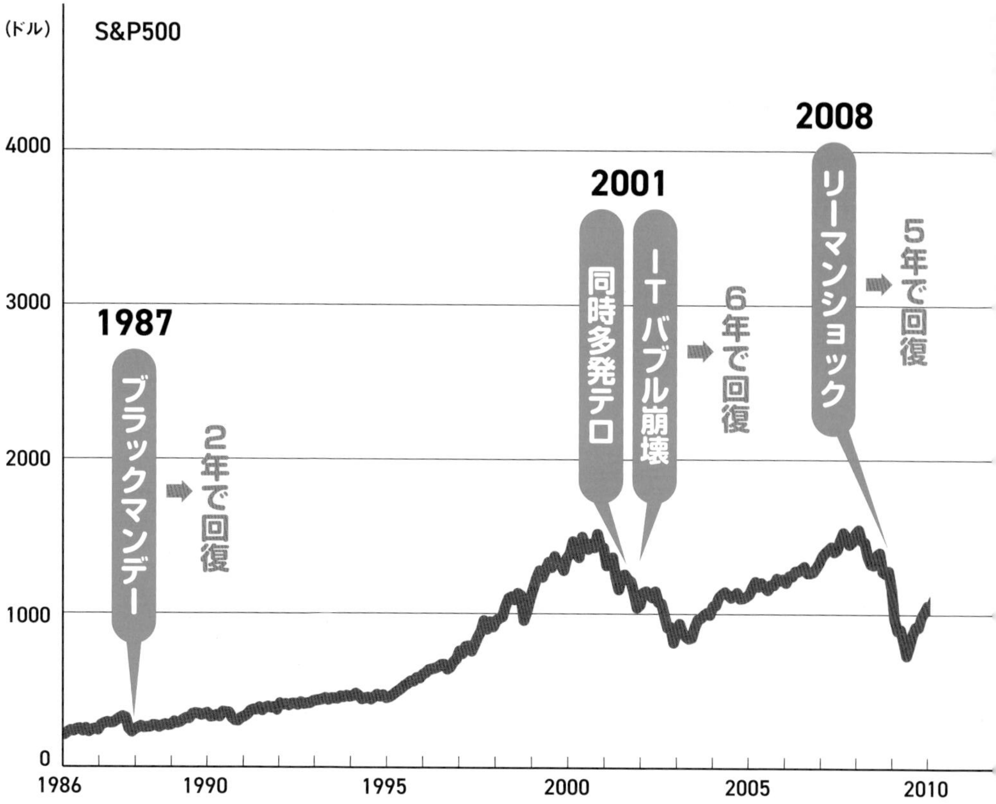

成長の要因は、人口増、競争力、投資環境

米国経済の強さの要因の一つは、人口増加国である点です。移民の流入で労働人口が増えています。

人口増加は経済成長を促す要因とされます。とくに米国の場合は、研究者など世界中から最先端技術を担う優秀な人材も集まるために、アップル、アマゾンのような時代を先取りする産業・企業が生まれ、経済を牽引しています。

また、収入を貯蓄より投資に回す割合が大きいという米国人の積極的な国民性、ゆるやかなインフレーションが続いている点など、日本よりも株が上がりやすい環境がそろっているのです。

株主優待はないが、配当はかなり魅力的

日本企業

- 年２回の配当
- 連続増配企業は少ない
- 企業間で株を持ち合うため、不正が起きることも……
- 株主優待で個人株主を釣る

株主優待は日本だけ

株主に自社製品やサービスを提供する株主優待。じつは日本独特の制度です。米国株をはじめとする外国株では、まずありません。

その代わり米国株では年４回の配当があります（日本は年２回）。その利回りもおおむね日本株より高く、株主還元は日本株より上といっていいでしょう。

しかも、毎年連続して配当を増やしている（増配）企業が多いのも米国株の特徴です。それだけ好業績の企業が多いのです。

米国株は株主還元に積極的

がんばるので
応援してください
ファンサービスは
しっかり!!
ワー
キャー

米国企業

- 年４回の配当
- 連続増配（毎年配当が増える）企業が多い
- コーポレート・ガバナンス（企業統治）がしっかりして不正が少ない
- 株主優待はない

配当で株主に還元する

配当が手厚いのはアメリカの株主に、いわゆる「物言う株主」が多いからです。利益を上げている企業に対し、株主が利益を還元するように圧力をかけるのです。

この「物言う株主」は、コーポレート・ガバナンス（企業統治）にも鋭い目を光らせます。そのため企業倫理の意識が高いのも特徴です。日本の企業でたびたび問題となる粉飾決算などといった不祥事が少ないのです。

こうしたリスクが低い投資環境は、世界の投資家から支持され、さらに、資金が米国株市場に流れ込む好循環を生み出しています。

巻頭特集 3

米国株への投資は、世界への投資になる

世界を股にかける米国企業

- 世界的に有名な企業が多い
- 全世界が市場だから、世界経済の成長の恩恵を受ける
- 一つの国の業績が不調でも他の国でカバーできる

米国株を知ることは、世界経済のダイナミックな動きを知ることになる！

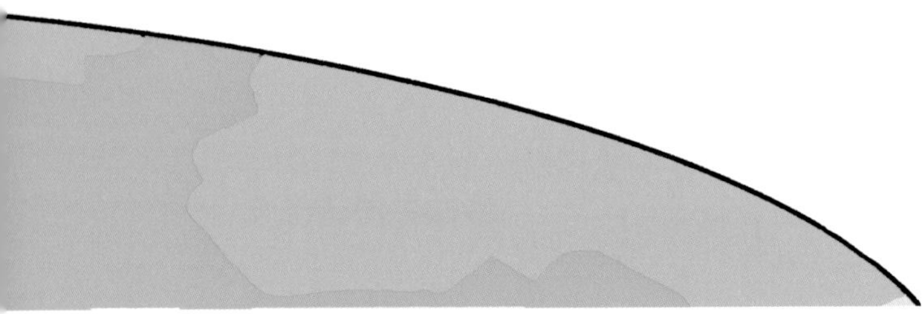

世界経済とともに成長する米国企業

米国の上場企業の多くは世界で事業展開を行っています。アップルやマイクロソフト、アマゾンといった日本でもおなじみの企業もたくさんあります。

近年の世界経済の成長率は年4%。グローバル展開を行う企業は、この恩恵を受けて成長します。

逆に、一か国だけで展開している企業は、紛争、災害、社会問題などのリスクをダイレクトに受けてしまいます。

世界で事業展開することで、特

定の国で業績不振におちいっても、別の地域で補うことができ、リスクを分散できるわけです。

米国株を通して世界の動きがわかる！

株式投資には、世の中の動きに敏感になるというメリットがあります。たとえば企業の業績だけでなく、景気動向や金利、為替といった経済動向にも自然と目が行きやすくなります。

米国株投資を通して世界の動向がわかるようになると、経済のダイナミズムを肌で感じることができます。

世界経済の動きから、さまざまな知識や見識が身に付くというのも米国株投資から生まれるオマケといえるでしょう。

はじめに

この本を手に取っていただいた方に、お尋ねします。

「あなたは銀行で預金をしていますか？」

銀行預金の金利は1％をずっと下回ったままです。きっと皆さんも大切なお金を遊ばせておくことに不安を感じているのではないでしょうか。

これから少子高齢化が進む日本において、今後ますます社会保障費は重くなり、その一方で年金もあてにならない時代となってきました。将来の生活防衛は自らの手で行わなければならない厳しい時代に突入しているのです。

具体的には、手元の資産をもっと有効に活用し、増やしていかないと豊かで満足できる生活が望めないということです。

「いや、私は投資で資産を活用している」と胸を張っているあなた、その投資先は日本国内だけではありませんか。だとしたら、そこには落とし穴があります。日本の株式市場が右肩上がりで成長し続けるとは限りません。労働力が減り、市場も縮小していく日本国内の株式投資だけではリターンに限界があります。また日本円だけで資産を持つリスクもあります。

もっと海外に目を向けましょう。

とくにアメリカの市場には大いなる魅力があります。ほかにも成長著しい新興国市場もあります。本書では米国株を中心に、その魅力と活用のやり方を説明していきます。

本書が皆さまの将来の安心のためにお役に立てば幸いです。

著者

CONTENTS

PART 6 儲けた人と損した人の違いはコレ！

PART 7 成長国の未来を買う 新興国株にチャレンジする

巻末付録 投資家の常識！おトクな制度と先人の知恵

編集　アート・サプライ（丸山美紀）
デザイン・DTP　アート・サプライ（山﨑恵）
イラスト　うのき
校正　鷗来堂
株価チャート・画像提供　SBI証券

BASIC

始める前に!
おさらいしよう
基本のきほん

株のきほん

株式のしくみをおさらいしよう

▼会社は株を売って、資金を集める

そもそも株式投資の株式（＝株）とは何か、をおさらいしましょう。

企業が事業を行うには、工場を建てたり、人を雇ったりと多くの資金が必要なため、企業は投資家からお金を出してもらいます。

この時、**企業が投資家に発行する「お金を出した証」が株式です**。企業は集まった資金で設備を整えます。「株式発行で資金を集め設立された組織」を株式会社といいます。

一方、投資家は株を保有することで、利益の一部をもらい、経営に口を出す権利を得ます。投資家に還元される利益の一部を「配当」、あるいは「配当金」といいます。

▼投資家は配当や売却益で儲ける

投資家は、その還元される配当を目的に投資を行います。株を購入した投資家をとくに「株主」といいます。株を所有する株主は、たとえわずかな数の株であっても、会社のオーナーです。この株は他の人に売却することができます。

事業で成功して会社が得る利益が大きいほど、株主に還元される配当も増えます。そのため業績の良い会社の株には人気が集まります。

株式市場はこの「株」のマーケットです。経営状況や商品のヒットなどで、株の人気（＝株価）は上下します。つまり、安い時に買い、高い時に売れば、値上がり益も狙えます。

用語解説 上場

株式市場で、自社の株式を売買できるようにすること。証券取引所で自社の株式を発行すると、株価×発行株式数という、莫大な資金が得られる。企業はその資金で事業を行い利益を得て、株主に還元する。ただし上場するには厳しい審査をパスする必要がある。

★ 株は企業に出資した証 ★

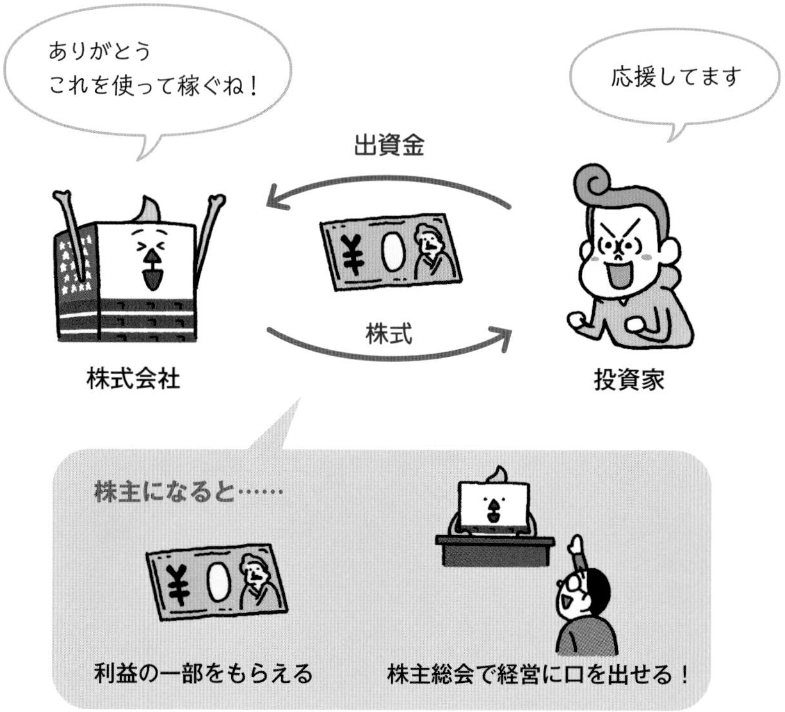
ありがとう
これを使って稼ぐね！
応援してます
出資金
株式
株式会社
投資家
株主になると……
利益の一部をもらえる
株主総会で経営に口を出せる！

株式は取引所で上場されると売買できる

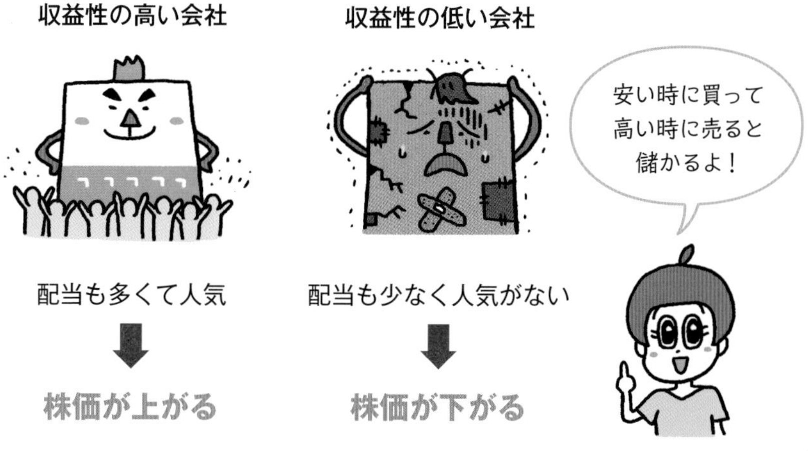
収益性の高い会社
収益性の低い会社
安い時に買って
高い時に売ると
儲かるよ！
配当も多くて人気
配当も少なく人気がない
株価が上がる
株価が下がる

◀ NEXT 投資の目的・目標・資金・期間を整理しよう

02

なぜ、投資をするの？ 投資の目的・目標・資金・期間を整理しよう

▼投資の目的をはっきりさせよう

株式投資の大きな目的は、利益を上げることです。しかし、漠然と「お金をふやしたい」と思うだけでは、成功は見込めません。

まずは、投資する理由（得た利益をどう使うのか）**、今の資金**（元手）**、期間、目標金額を明確にしましょう。**そこから年間の利回りが逆算でき、投資スタイルが定まります。

株式投資で利益を得るには、会社から利益の一部を還元される「配当益」と株の価格の「値上がり益」の2通りがあります。配当益なら利回りは高くても7％程度。それ以上の利回りを求めるなら、リスクを取って、値上がり益をメインで狙うことになります。

▼目的によって投資の方法が変わってくる

短期間で大きな利回りを目指し、また毎日、頻繁に値動きをチェックできるのなら、購入して数分で決済（売却）するスキャルピング、一日のうちに決済するデイトレードといった短期売買が使えます。小さな利益を積み上げて稼ぐ投資法です。

仕事などで、そうした時間を割けないのなら、企業の成長による値上がり益や配当益を目指す長期投資が基本戦略になってきます。

なお、**米国株投資の場合は、長期投資が原則です。**「米国の経済成長」という長いスパンの値上がりに着目した投資だからです。短期売買では、そのメリットが活かせません。

用語解説　複利

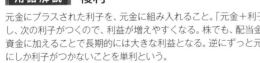

元金にプラスされた利子を、元金に組み入れること。「元金＋利子」に対し、次の利子がつくので、利益が増えやすくなる。株でも、配当金を買付資金に加えることで長期的には大きな利益となる。逆にずっと元金だけにしか利子がつかないことを単利という。

★目的、目標を定めて、自分に合ったスタイルを知る★

	目標	元手	毎月の積立	期間	年利
A 結婚資金を貯めたい	250万円	50万円	4万円	3年	17.3%
B マイホームの頭金	500万円	100万円	5万円	5年	9%
C 老後が不安	2000万円	200万円	3万円	30年	3.1%

※半年複利で計算。数値はあくまで目安です

A 年利 15%以上を目指す 短期売買で利ザヤを稼ぐ → **スキャルピング デイトレード**（数秒～ 1 日で決済）

B 年利 9%を目指す 中期保有で売買益を稼ぐ → **スイングトレード**（数日～数週間で決済）

C 年利 3%を目指す 長期保有で配当益を稼ぐ → **長期投資** ← 米国株投資はコレ！

03 分散投資が大切
リスクを減らすアセットアロケーション

▼一つの投資法に集中するのは危険

投資は余剰資金で行うのが鉄則です。手持ちの資産をすべて投資に回すようなやり方は無謀というもの。生活に必要な資金を取り分けた残りの資産を、**①株式などの有価証券、②不動産、③預貯金を含む現金の三つに分けて運用するのがいい**とされています。

この資産配分をアセットアロケーションといいます。リスクを分散させ、資産を守るために大切な考え方です。

株取引でも、資金を一つの企業や業種に絞って投資するのはリスクが大きすぎます。うまくいけば利益も増えますが、思惑が外れたときは損失が増えるからです。

▼投資先や時間を分けてリスクを分散

そこでリスクを減らすために、購入する銘柄や業種を分けて、バランスをとりましょう。また投資資金を一度につぎ込むのではなく、買うタイミングをずらすことも損失を防ぐことになります。

資産を、日本円の預金や日本株だけに絞るのもリスクです。**日本は災害も多く、企業の営業活動に大きな支障が出る恐れもあります。**

米国株に投資することは、そのリスクを軽減する方法としても有効です。米ドルなど外貨資産を持つことになるからです。

米国株をはじめとする外国株を推奨する一つの理由でもあります。

ポイント 理想のアセットアロケーション

多様な金融商品に分けるのが基本。とくに債券と株のように、逆の動きをする金融商品を組み合わせるとリスクが抑えられる。株式投資でも銘柄を多業種に分けたり、円高に強い銘柄と円安に強い銘柄を組み合わせたりするのが理想。

★ 資産を分けてリスクを分散しよう！ ★

アセットアロケーション
（資産＋配分）

⇒ **資産の内訳のこと**
複数の資産に分けるとリスクが減らせる！

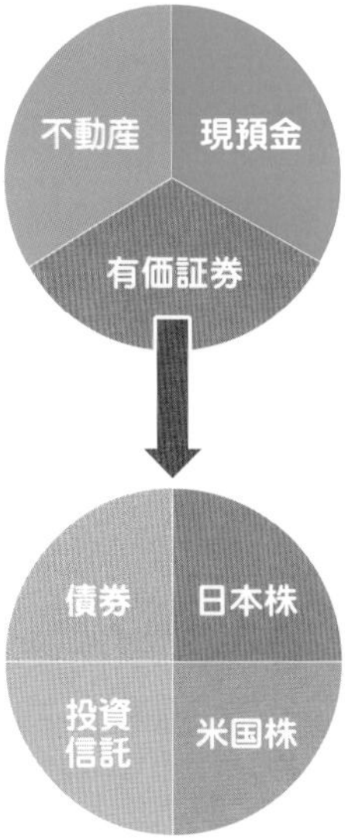

● 年齢や資産額、目標金額で割合が変わる！

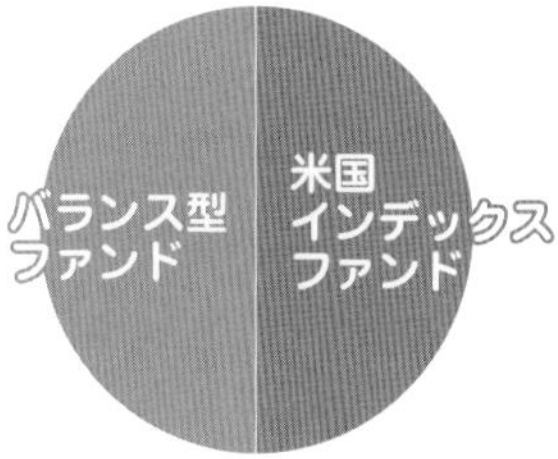

株と投資信託の違い

投資信託は手軽さとリスク分散が魅力

お金を払ってプロに運用を任せる

初めて株式投資を行うとき、まず問題となるのが銘柄選びです。なにしろニューヨーク市場だけでも数千もの銘柄があります。どの銘柄を買ったらいいのか、その判断が難しいのです。

そこで投資先を運用のプロに任せる「投資信託」も投資先の候補となります。**投資信託（ファンド）は、不特定多数の投資家から資金を集め、その資金を金融の専門家であるファンドマネージャーが運用します。**投資先は、株式（米国株含む）だけに限りません。債権や不動産、コモディティ（商品）など多岐にわたっています。

株と投資信託のいいとこ取りのETF

投資信託のメリットは、100円〜と、**株式よりも少額から購入できる点**です。また、集めたお金をファンドマネージャーがさまざまな金融商品に投資するので、**リスク分散の点でも優秀**です。

デメリットとしては、運用を委託するコストがかかり、また安定的な利益が期待できる分、大きな値上がり益は望めない点です。また売買も1日1回しかできません。

株式と投資信託の「いいとこ取り」できる金融商品がETF（上場投資信託）です。株の様にリアルタイムで価格が動き、何度も売買できます。手数料の安さも魅力です。

ポイント　投資信託の選び方

投資信託の投資先や運用方法は多種多様。株以外の金融商品に投資するもの、特定業種の株に投資するものなど種類が多い。コスト面、とくに運用管理費用（信託報酬）は毎月かかるものなので、安さを重視しよう。

★ 投資信託はプロに運用を任せる！ ★

投資信託のしくみ

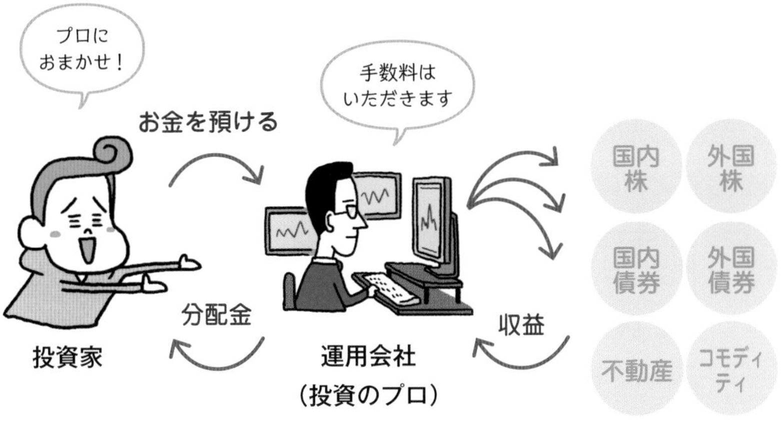

投資信託のメリット・デメリット

メリット

- プロが運用してくれるから自分での銘柄選びが不要
- いろいろな資産に分散投資してくれるから1つ買うだけでリスクを減らせる

デメリット

- 売買手数料や運用管理費用（信託報酬）がかかる
- 個別株ほど利益は見込みにくい
- 1日に1回しか売買できない

株よりはローリスク・ローリターンの投資商品といえるよ

COLUMN

コツコツ投資なら、リスクを避けられる

株式投資というと、ハイリターンの分、ハイリスクというイメージが、どうしてもつきまといます。事実、預貯金とは違って元本割れのリスクをともないます。

大きなリターンを狙うなら、多少の覚悟が必要です。ただし少しでもリスクを避けたいのであれば、毎月一定額を投資にあてることで、購入するタイミングを分散させる「積立投資」という方法もあります。

たとえば「株式累積投資」（＝るいとう）と呼ばれる金融商品は、毎月 1 万円以上、1000 円単位で設定した金額で、毎月指定した株を購入できます。

毎月の投資金額が 1 万円なら、株価 500 円の時は 20 株、株価 400 円の時は 25 株が購入できます。つまり、安価のときに株数を多く購入できるので、平均購入価格を低く抑えられるのです。また配当金もそのまま再投資に回せるので複利の効果も出ます。

PART 1

人気の米国株ってどこがいいの？

米国株のきほん1

超有名企業が集う世界一の米国市場

▼世界最大のニューヨーク市場

米国株は主に二つの市場で取引されます。世界最大の規模を誇る「ニューヨーク証券取引所（NYSE）」と、ハイテク銘柄を中心に上場されている市場「NASDAQ」です。

この**二つの市場の時価総額を合わせるとおよそ43兆ドル（2021年1月現在）。なんと世界の株取引全体の40%以上を占めています。**東証の取引金額は7%程度ですから、その市場規模の圧倒的な大きさがわかります。

世界から投資資金が集まるのは、米国企業の成長力のあらわれといえます。

また、多種の金融商品をそろえていることも魅力の一つです。

▼世界で名の知れた多国籍企業が集まる

米国市場の代表的な企業には、IBM、アップル、コカ・コーラ、マクドナルド、アマゾン、ウォルト・ディズニー……など、日本でも知名度の高い企業がそろっています。

日本での事業展開はもちろん、世界規模で「稼ぎまくっている」企業です。**高収益の企業なので株価もおおむね堅調です。長期的に株価も上昇傾向を続けています。**

商品やサービスを通して、その企業についてよく知っている方も多いでしょう。予備知識がある分、投資先として選びやすい企業が多いといえます。

用語解説 NASDAQ（ナスダック）

1971年に全米証券業者協会（NASD）が設立した、世界初のコンピュータシステムのみで運営される株式市場。新興企業が多く上場する。

★米国株は世界最大のニューヨーク市場で売買される!★

NY株式市場（NYSE）

- 世界最大の株式市場
- 老舗企業、連続増配企業も多い

＜主な企業＞

ジョンソン&ジョンソン、マスターカード、P&G、ウォルト・ディズニー、コカ・コーラ、ファイザー、ナイキ、マクドナルド

NASDAQ

NASDAQ

- 世界第3位の電子株式市場
- 新興企業やハイテク銘柄が多い

＜主な企業＞

アップル、マイクロソフト、アルファベット（グーグル）、インテル、アドビ

どちらの上場企業でも
日本の証券会社のHPで
日本語で買えるよ！
ソニーやトヨタはNY市場に
日産や任天堂はNASDAQに
も上場してるんだ

米国株のきほん2

人口増と投資熱の高さが米国株上昇の原動力

▼人口増加、経済成長が続いている

米国経済は世界の先頭を走ってきました。その強さを支えているのは、豊富な労働力と世界から集まる優秀な頭脳です。

先進国では珍しく人口増加が続いています。移民も多く労働力がつねに補充されます。**人口の増加が国内消費を生み、その消費が企業を成長させるという好循環の中にあります。**

また先進的な大学の研究機関があり、世界から優秀な研究者も集まってきます。イノベーションも盛んに行われ、成長企業も多く生まれています。その魅力に惹かれて、世界から資金も集まってくるのです。

▼米国国民は株式への投資率が高い

米国は投資が盛んな国としてもよく知られています。米国国民が持つ金融資産の内訳を見ると、預貯金は13%のみ。一方、株式は38%、投資信託は13%と、資産の半分以上を投資に回しています。一方、日本は預貯金が54%、株式が10%、投資信託は4%です。

活発な投資が、米国企業の株価を押し上げ、その成長を促しているのです。

預金の金利の低さを嘆くより、好調な米国市場にチャレンジしてみることをおすすめします。「勝ち組」に入りたいのなら自ら行動を起こすこと。他者のせいにしているのは負け犬の遠吠えです。

用語解説 インフレーション(インフレ)・デフレーション(デフレ)

物価が持続的に上昇している状態をインフレという。通貨の価値は下がっていく。逆に物価が持続的に下落していく状態をデフレといい、通貨の価値は上がっていく。景気がよくなるとインフレになりやすい。適度なインフレが望ましいとされる。

★ 米国経済の成長の秘密 ★

米国は人口が増え続けている

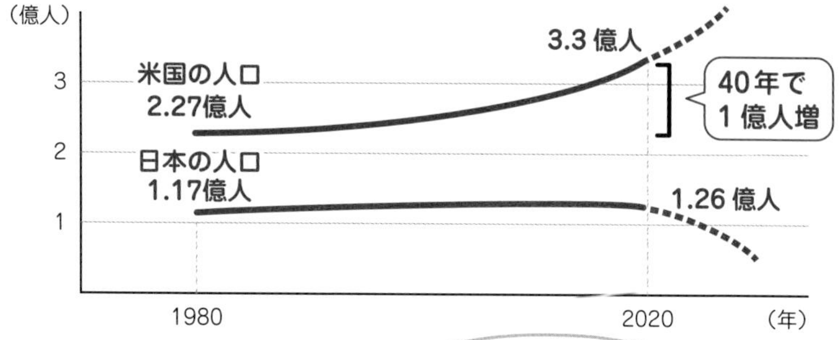

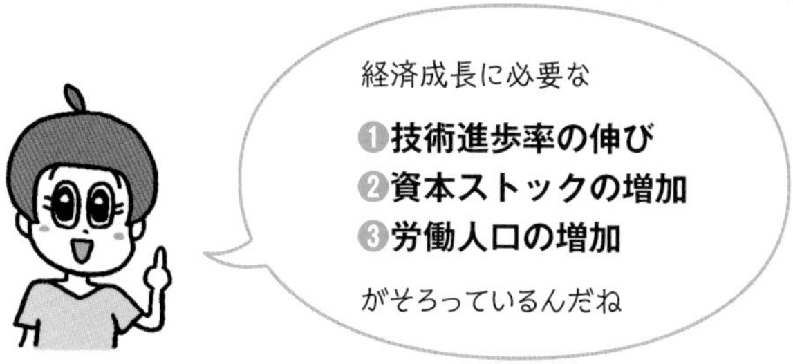

米国では投資にお金を使う

日米家計の金融資産構成比

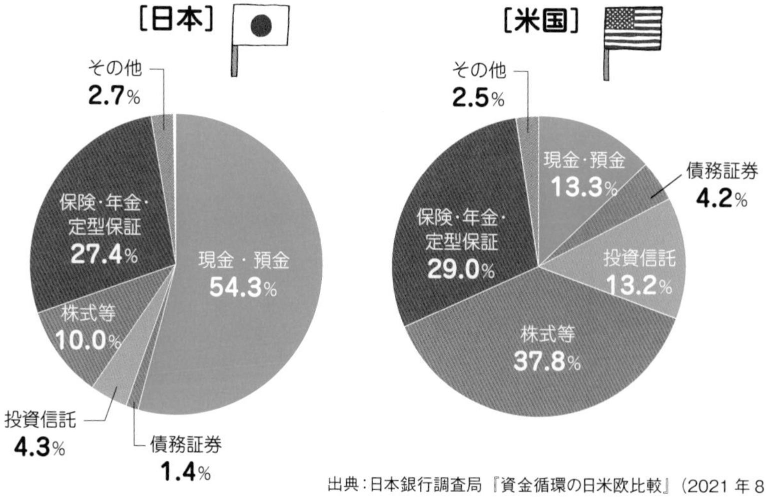

出典:日本銀行調査局『資金循環の日米欧比較』(2021 年 8 月)

米国株の特徴

株主優待はないが株主還元が大きい

配当金が4回もらえる

高収益を上げている米国企業は、株主への還元にも力を入れています。**たとえば配当は年4回（日本は年2回）。しかも連続増配（配当額を毎年増やし続けている）企業も、日本とは比べものにならないほど多数あります。**

たとえば20年連続増配の企業は、日本ではわずか7社。米国では100社以上あります。

配当利回り（配当金÷株価）は、通常、分母の株価が上がると、割合が下がります。しかし、米国株は株価が上がり続けているのに、日本株の利回りよりおおむね高い。つまり、株価の上昇以上に、配当を増やしているのです。

株主の権利が守られやすい

日本では取引先との間で、相互に株を持ち合うケースが多々あります。この慣習によって会社の味方である「安定株主」が大多数を占めるため、経営が甘くなってしまいます。いわゆる慣れ合いの状態です。内部留保が多いのに日本企業が株主に還元しないのは、こうした商習慣が原因です。

しかし米国では、**株主が堂々と企業に株主還元などを要求します。そのため経営陣も緊張感を持ち、できるだけ株主に利益の還元を行うよう努力するのです。**

株主の厳しい監視の目が光っているので、安心して投資ができるというわけです。

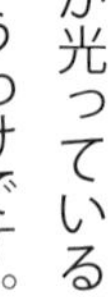

用語解説 **配当性向**

その期の純利益から株主に配当金をどのくらい支払うか、割合を示したもの。1株当たりの配当額÷1株当たり当期純利益×100（%）で求められる。

★ 米国企業は株主への還元率が高い ★

● 連続増配（毎年配当が増え続けている）企業が多い

2021 年 10 月現在

NY市場

アメリカン・ステイツ・ウォーター	67 年
ドーバー	66 年
ジェニュイン・パーツ	65 年
ノースウェスト・ナチュラル・ガス	65 年
P & G	65 年
スリーエム	63 年
ジョンソン&ジョンソン	59 年
コカ・コーラ	59 年
⋮	

20年以上が 100 社も

東証

花王	31 年
SPK	23 年
三菱 HC キャピタル	22 年
小林製薬	21 年
⋮	

日本は最長の花王でも 31 年

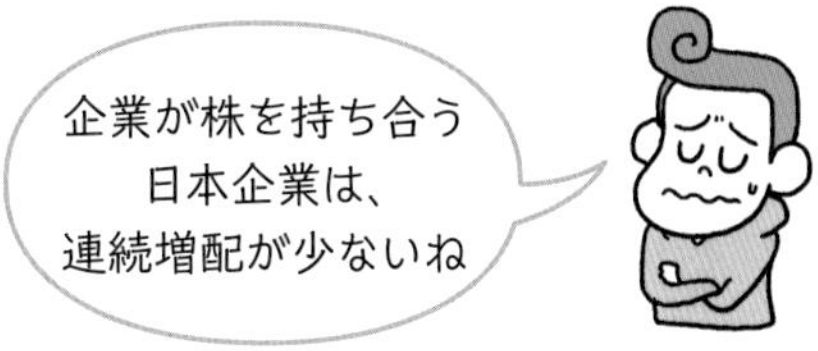
企業が株を持ち合う
日本企業は、
連続増配が少ないね

● 自社株買いによる株主還元も盛ん

出た利益で
自社株を
買いまーす

- 市場から株が減るため株価が上昇する
- ROE（P87）やPER（P88）が改善

⬇

間接的な株主還元になる

◀ NEXT 日本の証券会社から三つの方法で買える

04

米国株の買い方

日本の証券会社から三つの方法で買える

▼口座を作れば、個人でも売買できる

「米国の株を日本で買えるの?」と疑問に思う方もいるかもしれませんが、安心してください。**米国株は日本の証券会社の口座で買えます**。英語ができなくても大丈夫です。

マネックス証券やSBI証券、楽天証券などが代表的な証券会社です。取り扱い銘柄や手数料は、会社によって異なります。

口座を開設し資金を振り込めば、すぐに米国株が買い付けできます。

しかも米国株は1株から購入できます(日本株は100株単位)。数千円の投資資金から米国株デビューできます。

▼個別株、ETF、投資信託の投資法がある

米国株投資には大きく分けて次の三つの方法があります。

①個別の企業の株を買う
②投資信託を買う
③ETF(上場投資信託)を買う

それぞれのメリット、デメリットは、PART3~4以降で詳しく説明します。

米国株投資のスタンスは長期投資が基本と記しましたが、これには理由があります。**米国株の魅力は年4回の配当と長期的に期待できる企業の成長にあります**。デイトレードやスキャルピングが目的なら、取引手数料が安い日本株でいいわけです。

用語解説　単元株

取引所において定められた株の売買の単位。たとえば日本株の単元株は100株のため、100株、200株、300株……と100単位で取引される。米国株には単元数がないので、1株から取引できる。

★ 米国株は日本の証券会社で買える ★

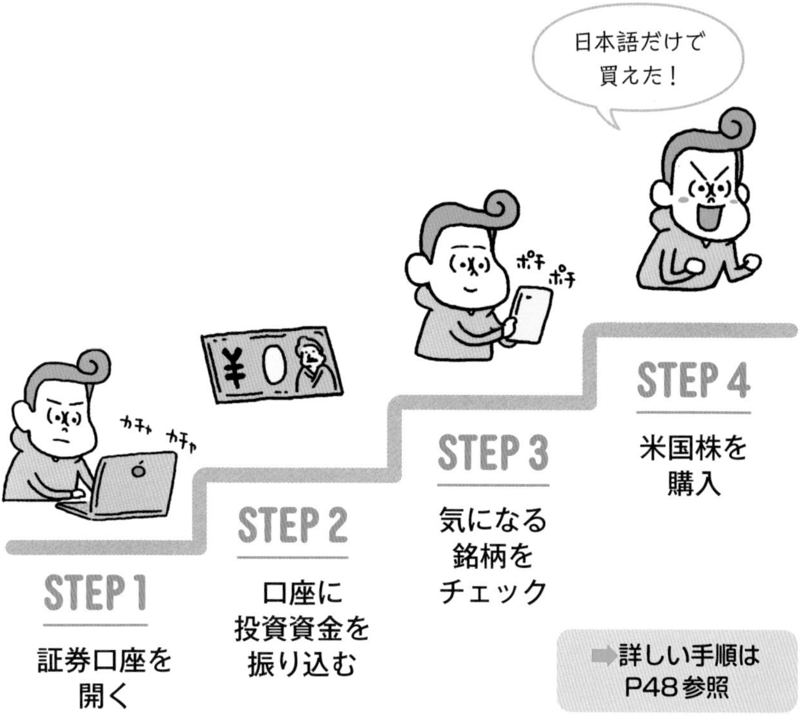

➡詳しい手順は
P48参照

● 米国株は3つの方法で買える

	個別株	投資信託	ETF
特徴	自分で選んだ会社に直接投資	運用のタイプを選んでプロにお任せ	株式市場で取引される投資信託
予算	数千円〜	100円程度〜	数万円〜
手数料	△	×	△
リスク・手間	×	○	○
自由度	◎	×	○

知っておきたいリスク

為替リスクと価格変動リスクがある

▼円とドルの交換比率が変わる為替リスク

これまで米国株投資のメリットを記しましたが、リスクがないわけではありません。まず、外国株投資における大きなリスクとして為替変動があります。

米国株は、現地の通貨である米ドルで取引されます。たとえば1米ドル＝100円のときに株を購入したとします。その株を1米ドル＝90円の**円高になったときに売却して日本円に戻すと、10%もの損（為替差損）が出てしまう**わけです。

もちろん、為替差益が出るケースもあります。1米ドル＝100円で株を購入、その後1米ドル＝110円の円安のときに株を売却し、日本円に戻せば、それだけで10％の為替差益が出る結果となります。

▼株価が下がってしまう価格変動リスク

米国株投資も日本株と同じように、価格変動リスクを抱えます。株式は元本保証されない、ハイリスク・ハイリターンの投資法です。

さらに米国株には価格変動に関してもう一つのリスクを抱えます。

それは時差です。日本は昼夜が正反対、つまり米国市場の株価に大きく影響を与える経済指標や決算発表は、日本の深夜時間に行われるケースが多いのです。

寝ている間に株価が急変し、対応が遅くなってしまうことも十分考えられます。

用語解説　**円高・円安**

異なる通貨を交換するとき、そのときの経済状況で交換比率が変わる。たとえば1米ドル＝100円から1米ドル＝90円になると、1米ドルに対する円の価値が上がる（割高）ので円高という。逆に1米ドル＝110円になると、1米ドルに対して円の価値が下がる（割安）ので、円安という。

★ 米国株投資のリスク ★

❶ 為替リスク

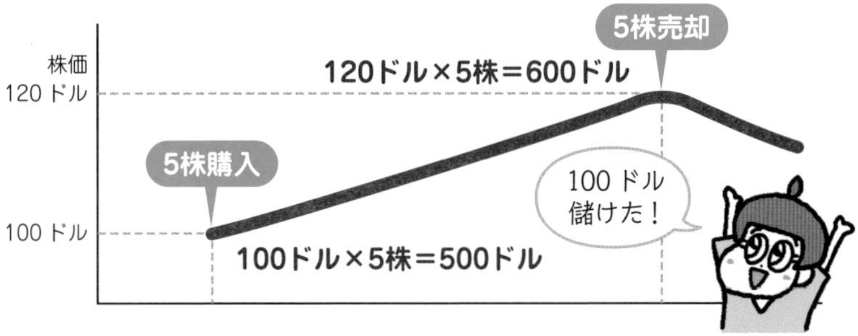

1ドル**100**円 —円高に→ 1ドル**80**円

500ドル×100円＝
5万円払う

600ドル×80円＝
4万8000円もらう

交換比率（為替レート）で利益が変わってしまう

❷ 価格変動リスク

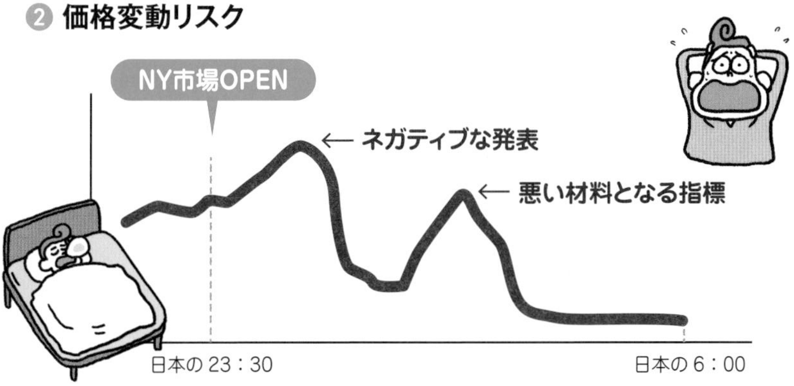

NY市場は日本の深夜にOPEN
寝ている間のネガティブニュースに対応できない

COLUMN

最近、米国株投資が注目されたのはなぜ？

近年、じわじわと注目が集まってきた米国株。その人気を爆発させたのが2020年の新型コロナウイルス感染症の蔓延でした。

米国や日本などの多くの国が、給付金として大量のお金を国民にばらまいたのです。さらに、世界各国が金融緩和を行いました。とくに米国のFRB（中央銀行に相当）はゼロ金利を宣言。市中にお金があり余った状態で低金利となり、銀行預金や債券の魅力が薄れ、お金の行き場がきわめて限られてしまいました。その余った資金が株式市場に流れ込んだのです。

パンデミックが宣言された20年3月には、世界の株式市場は大きく下げました。この「買いのチャンス」に、市中に余っていた大量の資金が集中しました。なかでも経済の基盤が強く、信頼性の高い米国株市場は急回復。8月には暴落前の水準を回復し、史上最高値を何度も更新しています。

一時的な株高は、今後落ち着いてくると思われます。短期の株価に惑わされないことが大切です。時間を分散し、様子を見ながら少しずつ購入するのも良いでしょう。

PART 2

米国株を買ってみよう

01 口座開設の方法

証券会社に口座を作ってみよう

▼外国株専用の証券口座を開設する

株式の売買には、証券会社での口座開設が必要です。会社によっては総合取引口座開設後に、外国株用口座の申し込みが必要になります。

証券会社を選ぶポイントは、取扱い銘柄数と手数料です。

銘柄数はなるべく多いほうが、投資の選択肢が広がります。手数料にも差はありますが、米国株取引は長期保有が基本。売買の回数も限られます。気にしすぎなくとも良いでしょう。

このほかにも、**注文の受付時間、円をドルに換える際の為替手数料、取引アプリの操作性**などに違いがあります。

▼複数の証券口座を持ってみる

証券会社を最初から一つに絞り込む必要はありません。

口座開設は、ネットを使えば無料で簡単にできます。とくに初めて投資する方は、複数証券会社で口座を開いてみて、画面の操作性や銘柄数を確認し、使い勝手のいい会社を選びましょう。

証券会社によって、強みのある分野が違うため、A証券会社では投資信託、B証券会社では個別銘柄投資といったように、金融商品ごとの使い分けも可能です。ただし、**NISA口座は一人一つしか開設できない**ので、メインの取引会社で作るようにします。

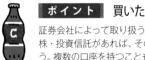

ポイント 買いたい銘柄があるなら、会社選びは慎重に

証券会社によって取り扱う金融商品の種類は違う。どうしても買いたい株・投資信託があれば、その商品を販売している証券会社で口座を作ろう。複数の口座を持つこともOK。

★ 証券会社選びのチェックポイント ★

- 取扱い銘柄数が多いか
- 手数料が安いか
- 注文の受付時間やアプリの使い勝手

	SBI証券	マネックス証券	楽天証券	DMM証券
取扱銘柄数	約4500	約4300	約4300	約1000
取引手数料	約定代金の0.45%	約定代金の0.45%	約定代金の0.495%	無料
1取引の最低手数料	無料	無料	無料	無料
1取引の最大手数料	20米ドル	20米ドル	20米ドル	−
為替手数料 1米ドル・片道	0.25円 住信SBIネット銀行を使うと0.04円	0.25円 買付時は0円	0.25円	0.25円
円貨決済	○	○	○	○
外貨決済	○	○	○	×
注文受付時間 日本時間	10：30〜翌6：00	24時間	8：00〜翌6：00	16：00〜翌6：00
その他	専用アプリ 定期買付サービス	専用アプリ 定期買付サービス 配当金再投資サービス	専用アプリ 取引手数料の1%をポイントバック	専用アプリ

（2021年9月現在）

◀NEXT　税金の払い方で口座の種類が違う

特定口座と一般口座
税金の払い方で口座の種類が違う

▼特定口座なら納税も楽々

証券口座を開設する際には「特定口座」と「一般口座」のいずれかを選びます。

株取引で得た利益には約20％の税金がかかり、一般口座では確定申告が必要です。**特定口座であれば、証券会社が損益を計算し「年間取引報告書」を作成します。さらに「源泉徴収あり」を選べば、納税も代行してくれます。**

外国株取引の確定申告には、取引時の為替レートの記録が必要になるため、手間がかかります。特定口座のほうがおすすめです。

ただし、損失の「繰越控除」や、他の口座との「損益通算」ができる場合は、確定申告したほうが、納付額が減ってお得です。

▼非課税になるNISA口座

NISA（少額投資非課税制度）は、投資を促すために国が定めた、投資家向け制度です。**年間120万円までの投資であれば、そこから得た利益が非課税になります。**日本株取引ではもちろん、外国株取引でも使えます。

2021年現在、年間120万円の枠が5年間株取引に使える一般NISAと、年間40万円で20年間投資信託に使える「つみたてNISA」のいずれかが開設できます。両方は作れません。

特定口座、NISA口座を両方開設しておけば、発注ごとに扱いを選択することも可能です。

ポイント 特定口座（源泉徴収あり）のデメリット

特定口座は納税の手続きを簡素化でき、「源泉徴収あり」を選ぶと証券会社が納税を代行してくれる。ただし、損失の繰越控除や他の口座との損益通算ができない。また給与所得者では所得税の確定申告が不要な「20万円以下の所得」であっても無条件に源泉徴収の対象になる。

★ 証券口座は2種類ある ★

一般口座	特定口座	
自分で損益を計算	証券会社が損益を計算	
↓	↓	↓
確定申告が必要	源泉徴収あり	源泉徴収なし
	●確定申告は不要	●確定申告が必要 ●利益が20万円以下なら不要※

※住民税は要申告

外国株の確定申告では
為替レートの記録も必要になり面倒
特定口座がおすすめ！

（2021 年 9 月現在）

●NISA

年間120万円、5年で最大600万円までの投資から得られる利益が非課税に

●つみたてNISA

年間40万円、20年で800万円までの投資信託から得られる利益が非課税に

◀NEXT 口座開設の手順

★手順1 ネットで口座開設を申し込む（SBI証券の場合）★

証券会社の口座開設ページで、メールアドレスを入力し、メールを送信。

登録したアドレスに送られる認証コード（6桁の数）を、HPに入力。

個人情報を入力。規約を確認したら、「ネット申し込み」か「郵送で申し込み」を選ぶ。

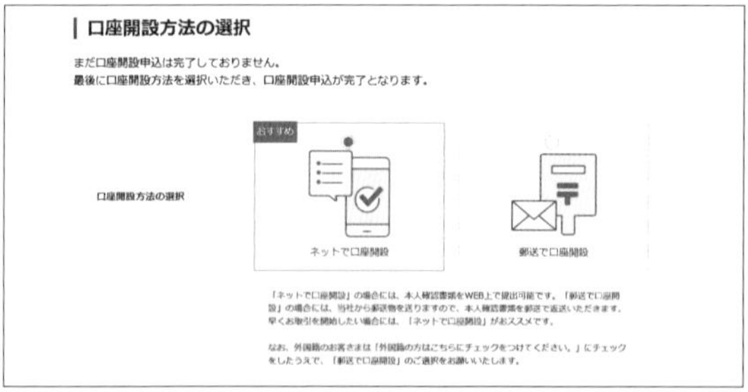

（ネットで申し込みの場合）ユーザーネームとパスワードが発行される。

※郵送で申し込みの場合、送られてくる書類に、必要事項を記入し返送する。

★ 手順2 本人確認書類の提出 ★

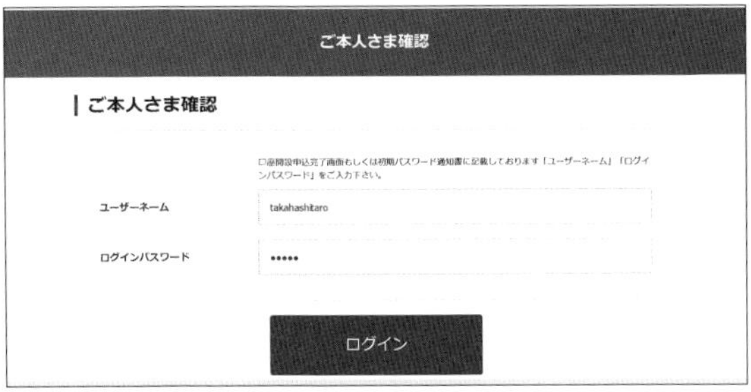

手順1で発行されたユーザーネームとパスワードを使ってログイン。

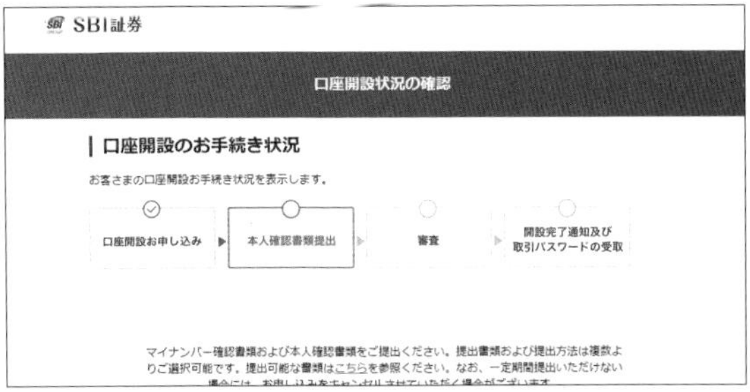

「口座開設状況の確認」から、「本人確認書類提出」を選ぶ。

マイナンバーカード＋本人確認書類を提出。
（スマホで書類の写真を送信しても手続き完了となる）

米国株の買い方①

購入に必要な米ドルを用意しよう

▼米ドルを用意する方法は二つある

ニューヨーク市場に上場されている米国株の買い付けには米ドルが必要です。**米ドルの用意のしかたには①円貨決済 ②外貨決済の二種類があります。**

円貨決済の場合、証券口座に日本円を振り込んでおくと、証券会社が注文時のレートで米ドルにして米国株を購入します。

投資家は楽ですが、為替手数料が必要になります。為替手数料は1米ドル当たり片道0・25円が目安。購入＋売却の往復で0・5円程度かかります。買付け時は無料としている証券会社もあります。

一方、外貨決済では購入より前に、米ドルを用意しておき、その米ドルで直接買い付けます。手数料の安い金融機関を選んだり、有利なレートの時に交換したりできるのがメリットです。

▼手数料を節約するサービスもある

交換時の手数料を節約する方法もあります。たとえばSBI証券では、連携する住信SBIネット銀行の外貨出入金サービスを使うと手数料を0・04円に抑えられます。

なお、**米国株に投資する投資信託やETFであっても、東証に上場している国内の商品であれば、日本円で購入できます。**為替の計算が煩わしい方は、こうした商品を選ぶのも手です。

用語解説 為替ヘッジ

売却時の為替差損リスクをなくすため、あらかじめ為替レートを予約した商品を「為替ヘッジあり」という。ただし、有利な時も為替差益を見込めない、両国の金利差によって、数%の追加コストがかかるというデメリットもある。

購入のしかたには2つある

円貨決済

購入時に そのつど外貨に両替

円を証券会社に預け入れ

円貨決済で株を発注

●その時点のレートで、円を米ドルに交換して購入

為替手数料発生

円貨決済で株を売却

●売却で米ドルをゲット

●その時点のレートで円に交換

為替手数料発生

●購入時より円高だと取り分が減る

手数料はかかるけれど、手間はかからないね

外貨決済

事前にまとめて 米ドルに両替

米ドルを預け入れ

●または、円貨を預け入れたあと、まとめて米ドルに交換

為替手数料発生

外貨決済で株を発注

●米ドルで購入

為替手数料なし

外貨決済で株を売却

●売却で米ドルをゲット

為替手数料なし

手数料を安く抑えられるし、売却益で米国株を買うなら、米ドルのままのほうがいいね

米国株の買い方②

銘柄を選んだら、タイミングを見計らって購入

▼1株からでも購入できる

口座を開設して投資資金を入金し、米ドルを用意したら、米国株購入の準備は完了です。

成長性や配当、将来性などをチェックして、購入する銘柄を選びます。

日本株は4桁の銘柄コードで識別しますが、**米国株では「ティッカーシンボル」というアルファベットで識別します**。アマゾンならAMZN、自動車メーカーのフォードはFと文字数もバラバラです。

銘柄が決まったら、購入株数を決めます。日本株は最低100株単位での購入ですが、**米国株は1株から売買できるため、少額で取引できます**。

▼注文方法・口座の扱い・決済方法を選ぶ

購入方法には注文時の金額で買う「成行（なりゆき）注文」と、希望価格を指定する「指値（さしね）注文」「逆指値注文」があります。

指値注文で株を買う時は今の株価より低い価格を指定します。1株150円のときに149円で指値注文を出すと、株価が下がって条件を満たしたタイミングで購入されます。指定の価格にならなければ、注文は成立しません。

最後に、その取引を「一般口座」「特定口座」「NISA口座」のどれで行うか選びます。

また、円貨決済、外貨決済も注文ごとに選択できます。

用語解説 逆指値注文

「指価より高くなれば買い」「指値より安くなれば売り」とする注文方法。株価が想定と逆に動いた場合の損失を少なくする損切りの際に使われる。また、株価のトレンドが発生したときに、その流れに乗って利益を得る取引にも使われる。

★ 米国株はティッカーシンボルで見分ける ★

ティッカーシンボル

米国などの市場で株を識別するためのコード。基本的にNY市場はアルファベット1～3文字。NASDAQは4文字以上。

NASDAQ上場のZoom（ZM）のように例外もある

AAPL	アップル
AMZN	アマゾン
GOOG	アルファベット（グーグル）
SBUX	スターバックス
TSLA	テスラ

KO	コカ・コーラ
DIS	ウォルト・ディズニー
GM	ゼネラル・モーターズ
F	フォード

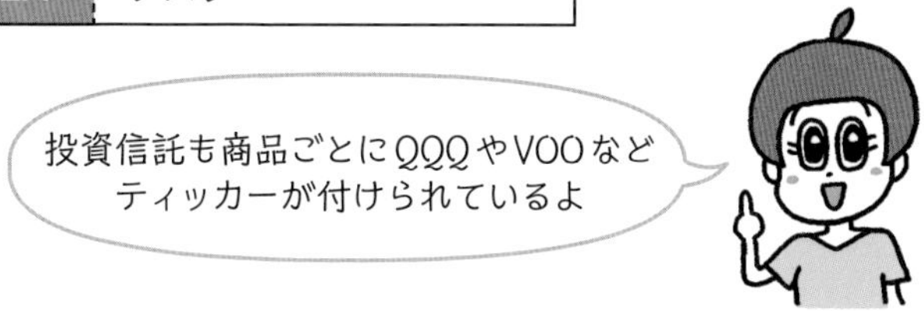

投資信託も商品ごとにQQQやVOOなど
ティッカーが付けられているよ

基本の注文方法

成行注文	価格を指定することなく売買の注文を出すこと。その時点で一番有利な相手との取引が成立する。買い注文では、その時にいちばん安く売り注文を出していた投資家との取引が成立。
指値注文	価格を指定して売買の注文を出すこと。買いの指値注文の場合、指定価格（指値）より高い価格では取引が成立しない。つまり、条件が合わずに注文が成立しないケースも出てくる。

入してみよう ★

● 証券会社のHPで注文

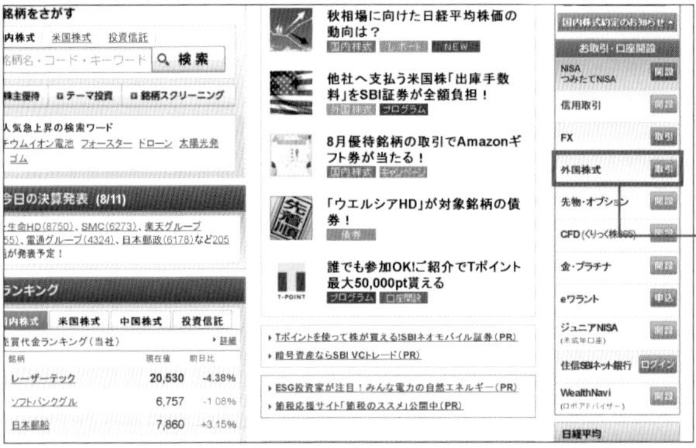

証券会社のHPを開き、「外国株式」をクリック

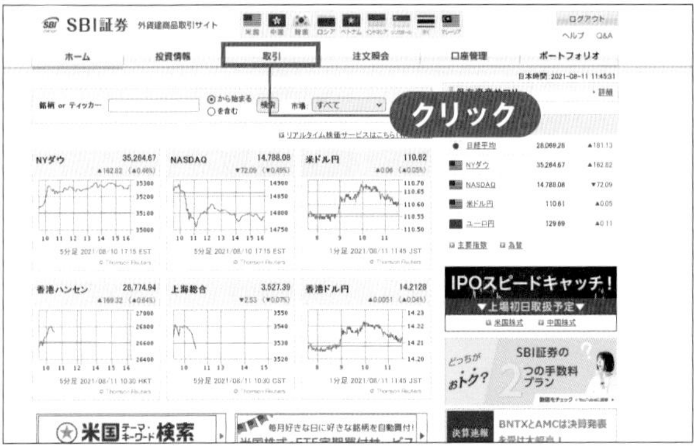

次に「取引」タブをクリック

次のページで「米株」を選択

（SBI証券では自動的に米国株がトップで表示されます）

「注文入力」のページが表示されます。買い付ける銘柄、株数を決めておきます

必要事項を入力しよう

「取引」で「買付」か「売却」か選択します

銘柄を「ティッカーシンボル」(P47)で入力。たとえばアップルなら「AAPL」、アマゾンなら「AMZN」となります

価格や注文方法を選択 指値、成行のほか逆指値という注文のやり方もあります

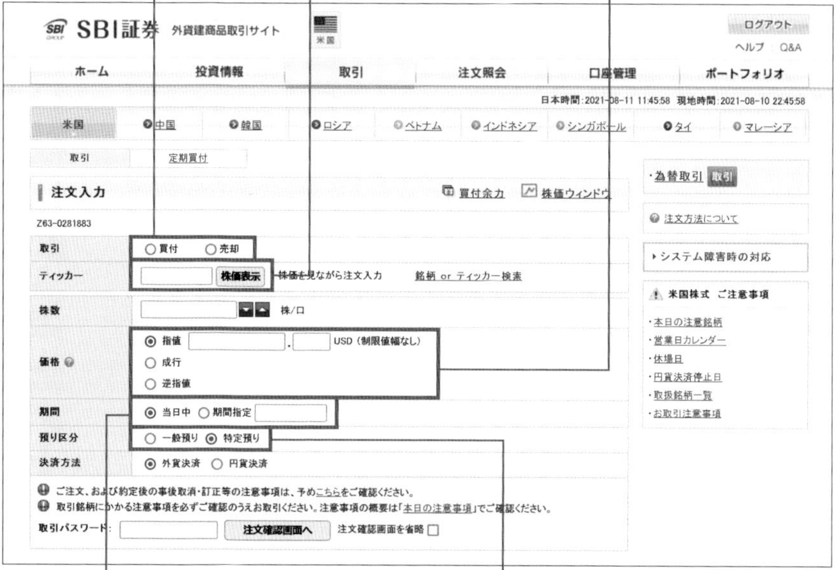

期間は注文の有効期限。当日のみ有効とするなら「当日中」をクリックし、翌日以降も有効とするなら期間を指定します

預り区分(「一般預り」か「特定預り」か)、決済方法(「外貨決済」か「円貨決済」か)を選び、最後に取引パスワードを入力、注文を確定させます

投資信託の買い方

ファンドの運用方針とコストを見極めて買付

▼プロの運用する金融商品を選ぶ

いきなり個別株を買うのは抵抗があるという人には投資信託がおすすめです。投資先、投資方針などから希望の銘柄を選びます。**投資信託はプロに運用を頼むため、販売手数料や運用管理費用（信託報酬）がかかります。運用益がコストに見合うのか注意が必要です。**

外国株を扱う投資信託でも、国内の証券会社が設定した商品（国内投信）であれば日本円で買えます。外国の証券会社で設定された「外国籍投信」の購入には外貨が必要です。

国内投信は、だいたいどの証券会社でも購入できます。株とは違い、**投資信託の購入は1日1回のみです（ETFは除く）。**

▼分配金は再投資が有利

投資信託の中には、決算ごとに「分配金」が受け取れるものがあります。**分配金は再び購入に回すこともでき、複利効果（18ページ）が期待できます。**決算の頻度は年1回〜毎月と、商品ごとに違います。

買付方法は、金額を指定する「金額買付」、口数（くちすう）を指定する「口数買付」、毎月一定額を購入する「積立買付」の三つがあります。

金額買付では、分配金を証券口座で受け取るか、再投資に回すか選べますが、口数買付では、最低購入単位が1万口になるため、分配金を再投資に回せません。また口数買付はNISA口座を選べない点に注意が必要です。

用語解説　基準価額

投資信託の価格。純資産総額÷総口数　で算出される。多くの投資信託は1万口1万円で売り出された後、運用成績によって基準価額が上下する。基準価額は1営業日に1つだけの価格となる。取引時間中はこの価格は公表されない（ブラインド方式）。

★ 投資信託の購入方法 ★

● 日本で設定された投資信託

国内株ファンド　米国株ファンド［国内］ → **日本円で買える**

● 米国で設定された投資信託

米国株ファンド［米国籍］ → **米ドルで買える**

● 買付方法は三つある

金額買付　（購入金額を指定）

10万円÷1.25円＝8万口購入
（基準価額）

口数買付　（購入口数を指定）

10万口×1.25円＝12万5000円が必要
（基準価額）

積立買付　（毎月の購入金額を指定）

1月　2万円÷1.0円＝2万口購入
2月　2万円÷1.25円＝1万6000口購入
（基準価額）

◀ NEXT　実際に投資信託を購入してみよう

を購入してみよう ★

証券会社のHPで探す

トップページを開き、「投信」をクリック

- 買う商品が決まっているときは、ファンド名を打ち込んで「検索」
- 決まっていないときは、「カテゴリから探す」をクリック

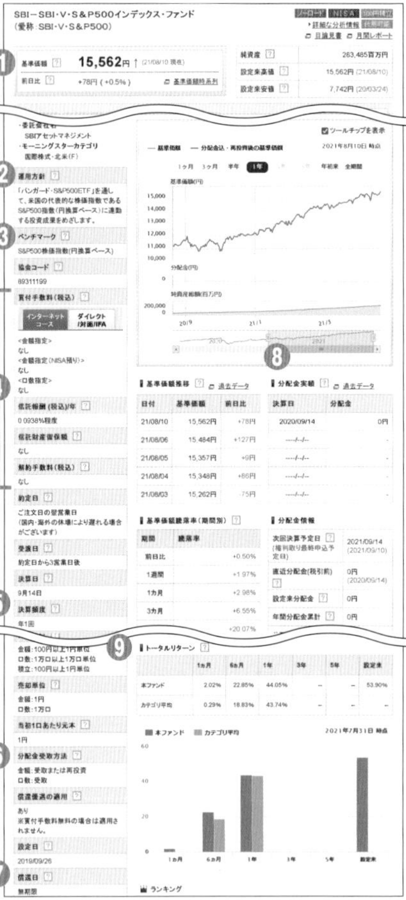

基本的なチェック項目

❶基準価額
一般的に1万口当たりの価格

❷投資信託の運用方針
運用にあたっての方針

❸ベンチマーク
インデックス投資（P62）で基準にする指標

❹手数料（運用管理費用・信託財産留保額など）
保有期間に差し引かれる手数料（1年当たり）。安いほうが良い

❺決算頻度
分配金が払われる頻度。なし～年1回程度がよい。多すぎると資産を使い果たして繰上償還（P66）のおそれがある

❻分配金受取方法

❼償還日
償還日が設定されるものは、その時点で運用終了される。無期限のものもある

❽分配金実績
直近での分配金の実績

❾トータルリターン
ファンドに投資したときの利益率

目論見書を確認

商品の特性・リスク・運用状況・コストなどが、図や短い説明でわかりやすく書かれている。必ず目を通そう

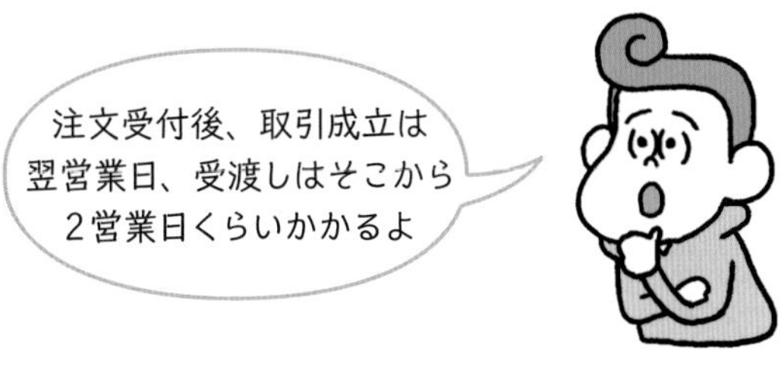

注文受付後、取引成立は
翌営業日、受渡しはそこから
2営業日くらいかかるよ

購入方法ごとに必要な項目を入力

金額買付

購入金額と分配金の扱いを入力

口数買付

購入口数を指定（分配金の再投資は選べない）

積立買付

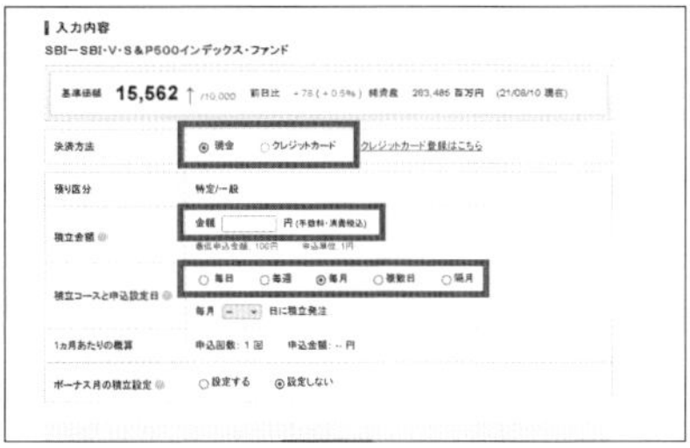

- 決済方法（クレジット／現金）
- 積立金額
- 積立頻度（毎日～隔月）
を指定

決済注文の方法

売り注文を出してみよう

▼急騰したときは利益確定も

米国株取引では、配当と経済成長にともなう値上がり益を狙うのが王道。多少の価格変動には動じず、保有を続けるのが基本です。

ただし例外はあります。たとえば決算発表の結果が予想外（サプライズ）で、1日に10％以上急騰し、それが数日続くような場合はいったん利益を確定するのも手です。

逆に、株価が急落するケースも想定しましょう。重要なのは低迷の原因です。一時的な業績の悪化なら、買い増しのチャンスです。

しかし低迷が長引きそうなら、売却を検討します。企業だけの問題ではなくリーマンショックのような経済環境の悪化もあります。

いずれにしても、慌てて決済するのではなく、冷静に対処することが重要です。

▼投資を続けるなら外貨決済がおすすめ

購入の際と同様に、売却の際にも円貨決済、外貨決済が選べます。

円貨決済は米ドルをその時のレートで円に交換します。為替手数料もかかります。

外貨決済の場合は、売却した利益を米ドルのまま保有します。為替手数料もかからないため、売却した米ドルで別の金融商品を購入する場合は、外貨決済がおすすめです。

なお、年4回支払われる配当金は、外貨で支払われます。現地での支払日から1日～数日後に、米ドルで証券口座に振り込まれます。

用語解説　損切り

購入した株が思惑とは逆の値動きをして損失を抱えた場合に、売却して損失を最小限に抑えること。回復が見込めないまま保有する行為は「時間」と「資金」を無駄にしており、投資効率が悪い。購入時に「20％を超えて下がったら損切り」などルールを決めておこう。

★ 米国株の売却タイミング ★

基本 想定どおり値上がり益を達成したとき

例外 株価急騰が数日続く場合→利益確定
長期に影響する要因での急落→損切り

● 売却方法（SBI証券の場合）

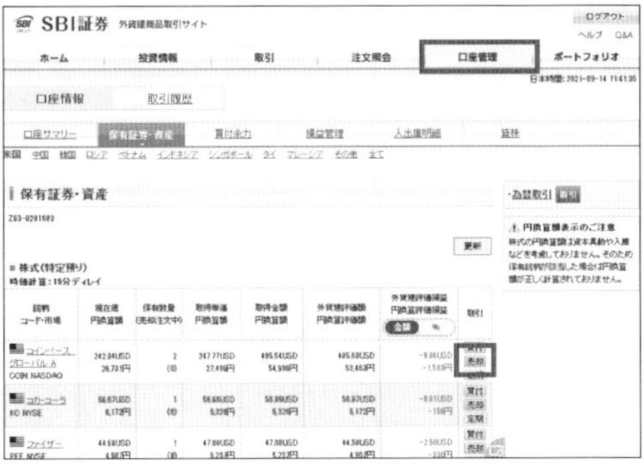

「口座管理」画面の保有証券、資産の一覧から取引欄の「売却」ボタンを押す

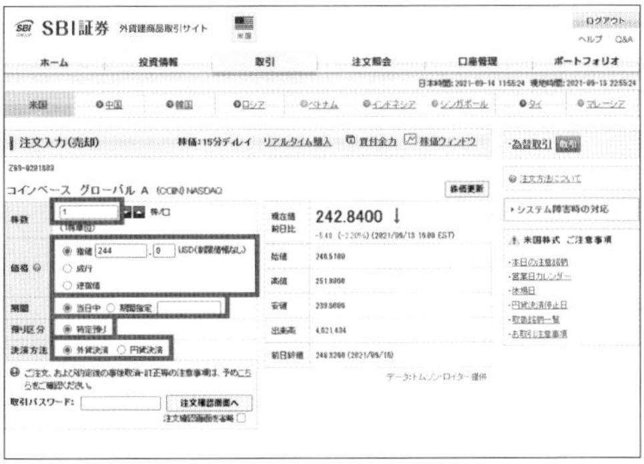

「売却株数」「注文方法」「注文期間」「預り区分（特定か一般か）」「決済方法（外貨か円貨か）」を入力して注文

取引時間

取引時間外でも注文は可能

▼米国市場が開くのは日本の深夜

ニューヨークと日本には時差があります。そのため**米国株の取引時間は、日本時間の深夜23時30分から翌朝6時まで（現地時間午前9時半から午後4時まで）**です。

3月初旬～11月初旬のサマータイム期間中は22時30分から翌朝5時になります。

日本の証券取引所のように昼休みはありません。この時間帯であれば、多くの証券会社でリアルタイム取引できます。

現地の8時から9時30分までをプレ・マーケット、午後4時から8時までをアフター・マーケットと呼び、ブローカーどうしの私設市場が開きます。

▼証券会社によって注文時間が違う

時間外の取引は、証券会社によって扱いが異なります。

マネックス証券では24時間いつでも注文を受け付けています。ＳＢＩ証券は23時30分から翌朝6時の取引時間ですが、日本時間9時頃から23時30分までは、注文受付時間が設定されています。

また、取引時間外であっても、指値注文や逆指値注文などの便利な注文方法を使えば、希望の価格で売買できます。

とくに重要指標の発表時など、急な価格変動が不安な場合は、事前に利益確定（損切り）の注文を出しておくことも可能です。

ポイント　**時間外取引で株価が動く？**

一般的に、株価は寄り付き（取引開始時間）前後に動きやすい。ほかに、時間外取引も流動性が低いため、値動きが極端になりがちだ。また、取引時間中の株価の乱高下を嫌って、企業があえて取引時間終了後に決算発表をする場合も時間外の値動きが激しくなる。

★ 米国株の取引時間 ★

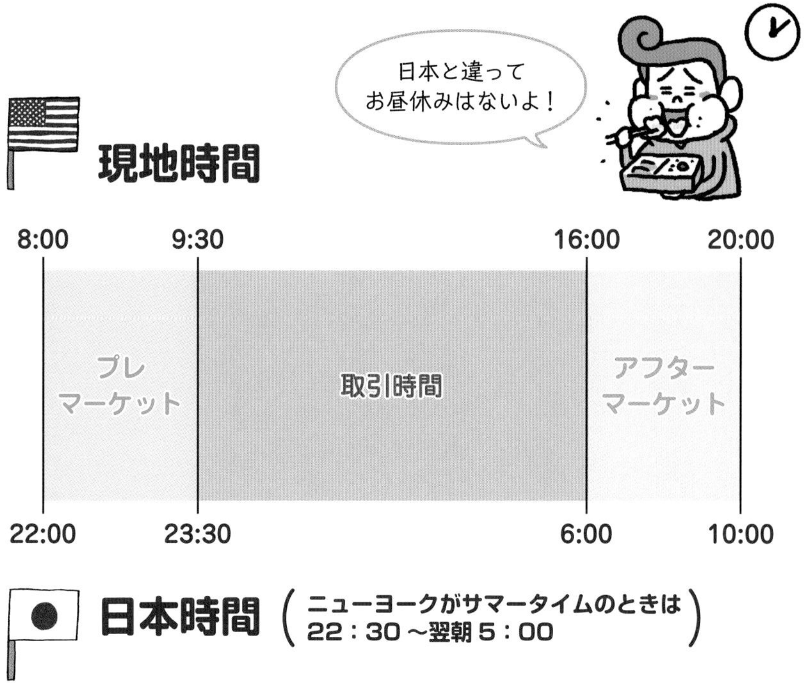

証券会社ごとの注文受付時間（日本時間）

（2021年10月現在）

	SBI証券	マネックス証券	楽天証券	DMM証券
取引時間	23：30～ 6：00	24時間	23：30～ 6：00	23：30～ 6：00
注文受付時間	9：00頃～ 19：00 19：30～ 23：30	24時間	8：00～ 23：30	16：00～ 23：30

冬時間、平日の場合

◀ NEXT 投資で出た利益には税金がかかる

税金について知ろう

投資で出た利益には税金がかかる

米国と日本の両方で課税される

米国株投資で得た利益には、米国、日本それぞれで税金がかかります。

株の売却益（譲渡益）の場合、米国では非課税ですが、日本国内で所得税＋住民税20％と復興特別所得税0・315％を合わせた20・315％が課税されます。

配当金の場合は、米国の10％の税が差し引かれ、さらに日本で20・315％が課税されます。つまり二重課税です。

この二重課税は、確定申告で「外国税額控除」すると解消できます。年間取引報告書を税務署に提出すると、米国で差し引かれた10％分が還付金として戻ってくるのです。

また、投資信託、国内ETFであれば、国内の所得税分が自動で減免される制度が2020年1月から始まっています。

NISA口座なら楽

「特定口座・源泉徴収あり」を選択した場合、証券会社が納税まで行ってくれますが、個別株や米国ETFの配当の二重課税は解消されません。確定申告が必要になります。

その手間が面倒な方は、**NISA口座の非課税枠を活用するのがおすすめ。日本の税がかからず、米国分10％のみの課税になります。税率も外国税額控除よりも有利です。**

非課税枠120万円を超えた場合には、確定申告を行うと良いでしょう。

ポイント 二重課税調整制度

以前は外国株に投資する投資信託の分配金も、現地の税率（10%）と日本の所得税の両方がかかっていた。この解消のため、2020年1月から「二重課税調整制度」が始まり、確定申告なしでも外国で支払った額が控除されるようになった。

★ 米国株取引では、日・米の税金がかかる ★

（2021 年 9 月現在）

各種手数料はのぞく

	米国の税	日本の税	
売却益 100	Ⓐ 0% 100	Ⓑ 20.315% → 手取り 79.6	約 21%の税
配当益 100	Ⓒ 10% 90	Ⓓ 20.315% → 手取り 71.7	約 28%の税 （二重課税）

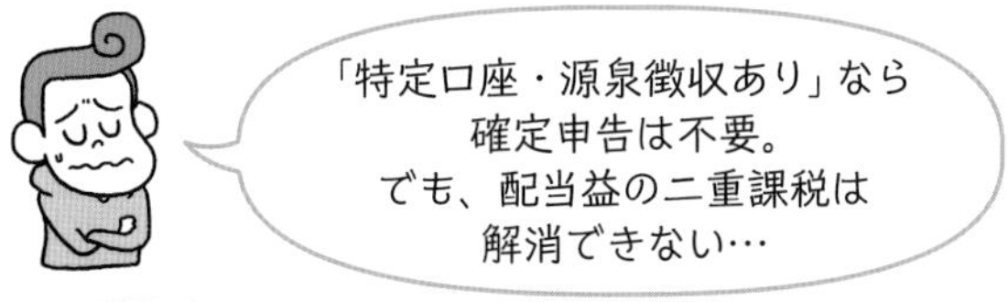

「特定口座・源泉徴収あり」なら
確定申告は不要。
でも、配当益の二重課税は
解消できない…

各種手数料はのぞく

税を安くするには

●確定申告で外国税額控除する（上図Ⓒ分が戻ってくる）

100 ー米国税 10%ー国内課税 20.315% ≒ 手取り 71.7%

これに米国の税の還付 10% ≒ 81.7%（約 18%の税）

●二重課税控除対象の投資信託・国内 ETF を購入する（上図Ⓓが、－10%の 10.315%になる）

100 ー米国税 10%ー国内課税 10.315%

≒ 手取り 79.7%（約 20%の税）

● NISA 口座で投資する（上図Ⓑ、Ⓓ分がゼロになる）

売却益　100ー米国税なしー日本の税なし＝ 100%（課税なし）

配当益　100ー米国税10%ー日本の税なし＝ 90%（10%の税）

NISA 口座を選ぶと
いちばん手間がかからないね

税率は変わる場合があります

◀ NEXT　シンプルでわかりやすいインデックス投資

COLUMN

インカムゲインと
キャピタルゲイン

外国株投資で利益を得る方法は二つあります。

一つ目はキャピタルゲイン（値上がり益）です。購入したときより株価が値上がりしたときに売却すれば、その差額分が利益として投資家のもとに入ります。

強い経済成長が続けば、継続して利益をもたらし、長期投資に恩恵を与えてくれるでしょう。

二つ目は、インカムゲイン（配当益）です。これは企業が事業を通して得た利益の一部を株主に還元するもので、米国株は日本株と比較して非常に手厚くなっています。年率に換算（配当利回り）して、日本の利回りより高い傾向にあり、しかも多くの日本企業が年２回の配当に対し、米国株は年４回も配当があります。

さらに連続して配当金を増やす（増配）傾向が強く、株価が上昇しても配当利回りが下がらないのです。

なお、インカムゲインは和製英語で、英語では investment income と呼びます。

PART 3

シンプルで
わかりやすい
インデックス投資

01

インデックス投資のきほん

株価指数と連動した最強の分散投資

▼株価指数と似た動きをする投資商品

インデックスとは、株価指数を指します。株価指数は、複数の企業の株価をもとに算出した平均となる数字で、株式市場の全体の動きを示す指標のこと。日本株では日経225や東証株価指数（TOPIX）、ニューヨーク市場にはS&P500指数やダウ平均、NASDAQ100などの指数があります。

インデックス投資とは、この株価指数を基準（ベンチマーク）として、それと連動した運用成績を目指す投資スタイルです。

つまり、株式市場から成長する株を見つけ出すのではなく、市場の全体の値動きにあった平均点を目指す投資なのです。

▼インデックス投資は、最強の分散投資

インデックス投資では、株価指数と連動する投資信託やETFを購入します。これらの商品は複数の投資家から資金を集め、数十～数千の企業に投資します。一つの企業の業績に左右されず、**少額で多くの銘柄、多業種に広く投資ができる「分散投資」の効果があります。**

また、株価指数と同じ値動きをするということは、その指数を構成する市場や企業群すべての成長に投資することでもあります。

米国の様に長期的な経済成長を続ける国のインデックスに投資すれば、その成長率の分だけリターンが期待できるというわけです。

用語解説　アクティブ型とパッシブ型

インデックス型の投資信託が、ベンチマーク（基準）と連動したリターンを目指して運用するのに対し、アクティブ型の投資信託は株価指数を上回ることを目指す。プロの目利きでより高いリターンを狙う分、運用管理費用が高くなりやすい。パッシブ型はインデックス型と同じ意味。

★ インデックス投資とは？ ★

● インデックス＝株価指数（市場全体の値動きをあらわす指数）

インデックスの例

- S&P500、ダウ工業30種平均（米国）
- 日経225、TOPIX（日本）
- DAX（ドイツ）
- 上海総合指数（中国）

● インデックス投資＝インデックスと同じ運用成績を目指す運用方針の投資

なんでわざわざインデックスと
同じ値動きを目指すの？

「長期的に見ればインデックスは上昇する」というシンプルな考え方なんだ。

実際、米国をはじめ、多くの国のインデックスは長期では上昇を続けているよ。
しかもプロが積極的に運用するアクティブ型よりも、成績の当たり外れが少なく、コストも安い。安定した資産形成に適しているといわれているよ

インデックス投資のメリット

売買ルールがシンプルで初心者にもわかりやすい

▼市場全体に連動するため、わかりやすい

インデックス投資は、個別株投資に比べてわかりやすい点で初心者向きといえます。

まず、**個々の企業の経営状態を細かくチェックする必要がありません。株価指数が示す市場全体の動きをつかめば良いのです。**

また、米国経済の成長が続く限り、ほったらかしでも利益があげられます。事実、米国株が対象のインデックス型投資信託は長年にわたり好成績を上げ続けています。

コストの安さも魅力です。インデックス型投資信託は市場に連動するよう運用を行います。トレンドどおりの運用結果を出せば良いため、運用管理費用も安く抑えられます。

▼売買回数が少なく、判断ミスが起こりにくい

インデックス投資は、投資対象の長期的な成長に投資する方法といえます。

株価指数は日々変動し、1年程度のスパンで見れば下落することもありますが、細かな値動きに動じず、分配金を再投資して5年、10年という長期保有を続けるのが原則です。**売買のルールがシンプルなため、売買のタイミングを見極めるのが苦手な初心者にもかんたんです。**

デメリットとしては、伸び盛りの企業や高配当の魅力的な企業に集中投資する「個別株投資」に比べると、成長率や配当利回りが少ない場合もあります。

用語解説 信託財産・分別管理

「信託財産」は投資信託の資産全体を意味する。ただし、投資家から預かった資産は、自社の資産と明確に区分して管理するよう義務付けられている。これを「分別管理」といい、万が一、証券会社や運用会社が破綻しても、投資家の資産は破綻処理に使われず守られる。

★ インデックス投資が初心者向きの理由 ★

1 市場全体に投資するためわかりやすい

個別企業の業績分析は不要

分散投資の効果もある

2 コストが安い

アクティブ型投資信託に比べ、

運用管理費用（信託報酬）や手数料が安い

3 売買のルールがシンプル

市場の長期的な成長に投資する

➡ 頻繁な売買が不要で、判断ミスが起こりにくい

デメリットとしては

- **株価指数の下落時にはマイナスになる**
- **個別株やアクティブ型投資信託のような大きな値上がり益は期待できない**

などがあるよ

投資信託やETFで始められる

▼投資信託は再投資に有利で自由度が高い

インデックス投資では、インデックス型の投資信託、ETFのいずれかを購入します。**投資信託の魅力は買い方の自由度の高さ。最低買付単位以上であれば1円単位で購入でき、毎月1万円ずつといったように、定期的に積立購入もできます。**

分配金を自動的に再投資に回すよう設定することも可能です。

投資信託の価格（基準価額）が決まるのは1日1回。日に何度も売買できません。

▼ETFはリアルタイムで売買できる

ETFも投資信託の一種ですが、上場されており、刻一刻と価格が変動し、1日に何回も売買できる点が投資信託と異なります。

ただし、**ETFでは、分配金を自動で再投資に回せません。分配金を一度受け取ってから、購入し直す必要があります。**再投資のたびに分配金への課税や購入手数料がかかる点がデメリットです。

東証上場のETFでも、米国株を組み入れた商品が売買されています。国内の法律に基づいて作られた国内ETFの他、米国の法律で作られた米国籍ETFがあります。

なお、投信・ETFともに投資期間が決まっており、期日が来ると運用（償還）が終わります。とくに運用成績が悪い場合「繰上償還」という強制決済が行われるリスクがあります。

ポイント　米国籍ETFは「二重課税調整制度」の対象外？

P58で説明したように、国内の投資信託や東証に上場されたETFは、外国株投資で得た分配金の二重課税を自動的に清算する制度ができている。米国籍ETFはこの制度の対象外。個別株式の配当のように、確定申告しないと二重課税分は戻ってこない。

★インデックス投資では投資信託かETFを買う★

	投資信託	ETF	
		国内ETF	米国籍ETF
購入方法	・金額指定 ・口数指定 ・積立 自由度が高い	・口数指定 1～100口単位 (商品ごとに異なる)	・口数指定 1口単位
価格	更新は1日1回(公表は翌日)。 価格がわからない状況で購入を申込む(ブラインド方式)	リアルタイムに値動き 成行・指値注文が可能	
受渡し日	約定(注文成立)日から2～5営業日目	約定(注文成立)日から2営業日目	約定(注文成立)日から3～4営業日目
最低投資金額	100円程度～	数千円～	
購入通貨	日本円	日本円	米ドル(為替コストがかかる)
分配金	受取、自動再投資から選べる (一方しかない商品もある)	受取のみ	
二重課税調整制度	対象		対象外
税金	20.315%	20.315% (二重課税調整制度対応商品の場合)	約28% (米国税10%と国内税20.315%)
コスト 売買手数料 運用管理費用	高め	少し高い	安い

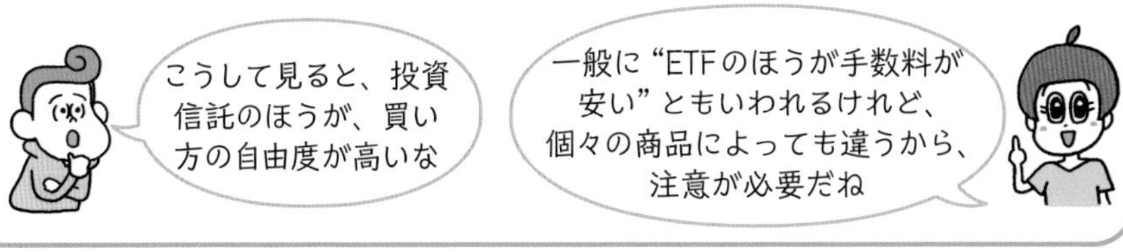
こうして見ると、投資信託のほうが、買い方の自由度が高いな
一般に"ETFのほうが手数料が安い"ともいわれるけれど、個々の商品によっても違うから、注意が必要だね

04 ベンチマークを決めて証券会社のHPでチェック

▼まずはベンチマークを決める

投資信託・ＥＴＦを選ぶ際に、最初に決めるのはベンチマークとなる株価指数（インデックス）です。

ダウ平均、Ｓ＆Ｐ５００のような大手企業が集まるもののほかに、特定の業種に絞ったもの、「高配当型」や「バリュー型」「クロース型」といったタイプ別もあります。

インデックスを決めたら、購入する商品の目論見書をチェック。同じＳ＆Ｐ５００に連動する商品でも、投資信託、国内ＥＴＦ、米国籍ＥＴＦがあり、コストや分配金を払う頻度などが変わってきます。

▼注目したい四つのポイント

運用残高（純資産総額）は、できるだけ額が大きいほうがベターです。少ないと資金が涸渇して繰上償還するリスクがあるからです。

運用管理費用はできるだけ少ないほうが、投資家が受け取る利益は大きくなります。

分配金が支払われる頻度も毎月〜年１回までさまざまです。分配金を支払うのではなく、元本に組み入れて運用する再投資型もあります。長期投資で複利の効果を狙うなら、再投資型を選びましょう。

決済時の為替リスクをなくす「為替ヘッジあり」の商品もありますが、その分コストが高い点には注意が必要です。

用語解説　無分配型

投資信託には分配型と無分配型の商品がある。分配型は、年１回～毎月など、定期的に収益（分配金）を投資家に還元する。一方、無分配型は得た収益を運用に回し、複利を狙う。分配金がないので利益確定できるのは売却した時のみとなる

★ インデックス投資の手順 ★

① ベンチマークとなるインデックスを選ぶ

➡ P70 ～

これから上昇すると思われるものを選ぶのが大切

↓

② 証券会社の HP で商品検索

運用残高（純資産総額）

なるべく多いもの。20 億円以上は欲しい

運用管理費用・売買手数料

運用益から、このコストを引いたものが利益。なるべく安いものを選ぶ

分配金（決算）の頻度

あまりに頻繁だと運用資金を使い果たすおそれも。あまり多すぎないもの

為替ヘッジ

決済時の為替変動を少なくするサービス。その分運用管理費用が割高になる

↓

③ 目星をつけた商品の目論見書を読む

商品の内容を再度確認し、自分の取引スタンスに合っているかチェック

◀ NEXT 主なベンチマークと投資商品

★ 主なベンチマークと投資商品① ★

ダウ平均

概要

正式名称はダウ・ジョーンズ工業株価平均。主要30 銘柄の値動きを指数化したものでマイクロソフトなど著名企業が採用されている。

主な構成銘柄

ユナイテッドヘルス・グループ
ゴールドマン・サックス・グループ
ホーム・デポ
マイクロソフト　など

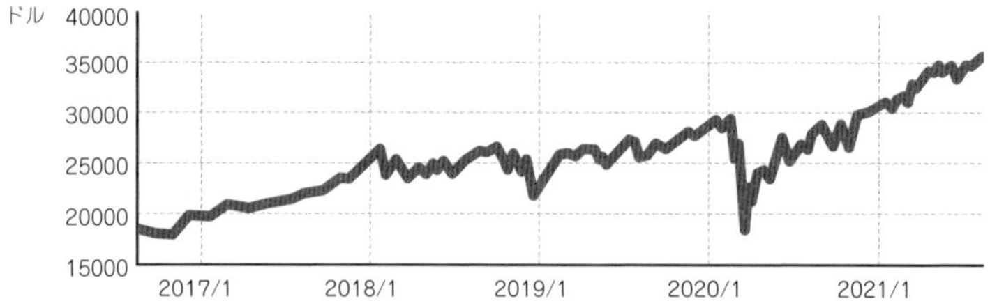

● ポイント

アメリカの代表的な株価指数であり、経済成長のシンボルでもある。リーマンショックで安値をつけたが、右肩上がりに上昇し、2021 年には 3 万 5000 ドルを超えた。東京証券取引所では ETF 2 銘柄が取引できる。日本でも事業展開するなど知名度が高い企業が採用されているので、なじみがあり投資しやすい。

● ダウ平均をベンチマークにした商品

投資信託　eMAXIS NY ダウインデックス［三菱ＵＦＪ国際］

運用管理費用	純資産総額	直近１年のトータルリターン	基準価額
0.66% 以内	261 億円	33.82%	28451 円

国内 ETF　ダウ・ジョーンズ工業株30種平均株価連動型上場投信［NEXT FUNDS］（銘柄コード 1546）

運用管理費用	純資産総額	直近１年のトータルリターン	基準価額
0.495%	266 億円	34.01%	37537 円

米国 ETF　SPDR ダウ工業株平均 ETF（ティッカー：DIA）

運用管理費用	純資産総額	直近１年のトータルリターン	基準価額
0.16%	3.3 兆円	24.38%	37641 円（円換算）

★ 主なベンチマークと投資商品② ★

S&P500

主な構成銘柄

アップル
マイクロソフト
アマゾン・ドット・コム
エヌビディア　など

概要

S&P ダウ・ジョーンズ・インデックスが算出する株価指数。アメリカを代表する 500 社の株価から算出する。

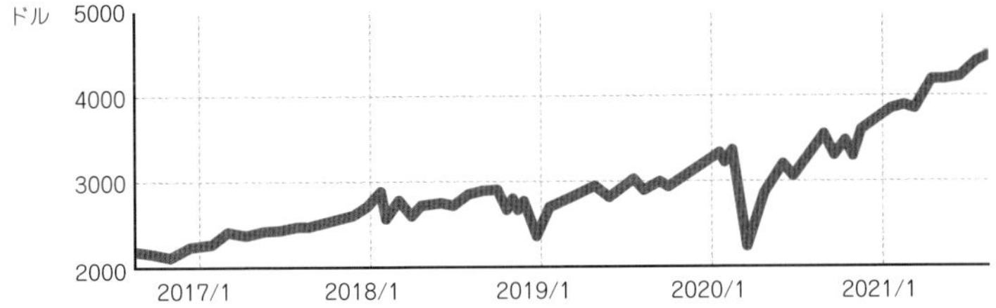

● ポイント

500 社の採用基準は厳しく、また入れ替えも頻繁なため、その時流に乗った有力企業に分散投資できるしくみとなっている。ここ 10 年も右肩上がりに上昇。投資効率が良いため、米国で投資の神様と尊敬を集めるウォーレン・バフェットが「自分が死んだら S&P で運用しろ」と言葉を残しているほどだ。

● S&P500 をベンチマークにした商品

投資信託 **eMAXIS　Slim 米国株式（S&P500）［三菱ＵＦＪ国際］**

運用管理費用	純資産総額	直近 1 年のトータルリターン	基準価額
0.0968% 以内	6441 億円	39.94%	16951 円

国内 ETF **MAXIS 米国株式（S&P500）上場投信［三菱ＵＦＪ国際］（銘柄コード 2558）**

運用管理費用	純資産総額	直近 1 年のトータルリターン	基準価額
0.078%	179.49 億円	37.23%	14090 円

米国 ETF **バンガード・S&P500 ETF（ティッカー：VOO）**

運用管理費用	純資産総額	直近 1 年のトータルリターン	基準価額
0.03%	28.1 兆円	29.29%	43885 円（円換算）

★ 主なベンチマークと投資商品③ ★

NASDAQ100

概要

ナスダックに上場する銘柄のうち、金融セクターを除き、かつ時価総額上位100銘柄の時価総額加重平均で算出された株価指数。

主な構成銘柄

アップル
マイクロソフト
アマゾン・ドット・コム
アルファベット　など

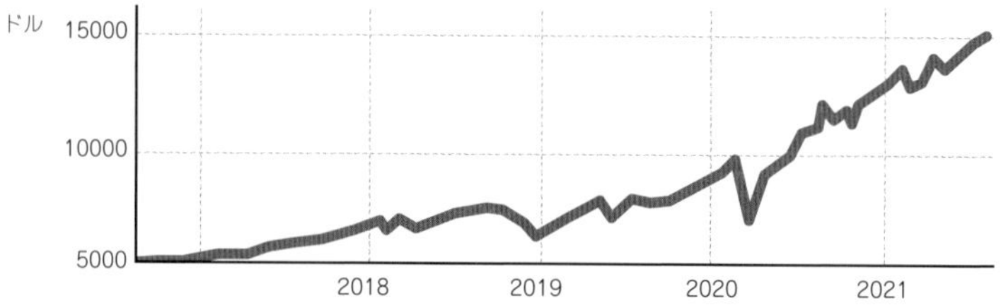

ポイント

資本、時価総額、利益、キャッシュフローから構成される基準のうち、一つでも満たせば構成企業として認められる。そのため赤字企業でも指数採用銘柄になれる。赤字企業といっても、積極投資による赤字を出している新興企業が多く、将来性のある企業がひしめいているともいえる。指数は乱高下しやすい点に注意が必要だ。

NASDAQ100をベンチマークにした商品

投資信託 iFreeNEXT NASDAQ100インデックス［大和］

運用管理費用	純資産総額	直近1年のトータルリターン	基準価額
0.495%	361億円	37.94%	19540円

国内ETF NEXT FUNDS NASDAQ-100連動型上場投信（野村）（銘柄コード1545）

運用管理費用	純資産総額	直近1年のトータルリターン	基準価額
0.495%	397億円	36.29%	16850円

米国ETF インベスコQQQトラストシリーズ（ティッカー：QQQ）

運用管理費用	純資産総額	直近1年のトータルリターン	基準価額
0.20%	20.5兆円	29.03%	39830円（円換算）

★ 主なベンチマークと投資商品④ ★

全米型

概要

ダウ平均が 30 社、S&P500 が 500 社に絞られているのに対し全米型は、アメリカの上場企業 3500 社程度が対象。

主な構成銘柄

米国上場企業 3500 社以上

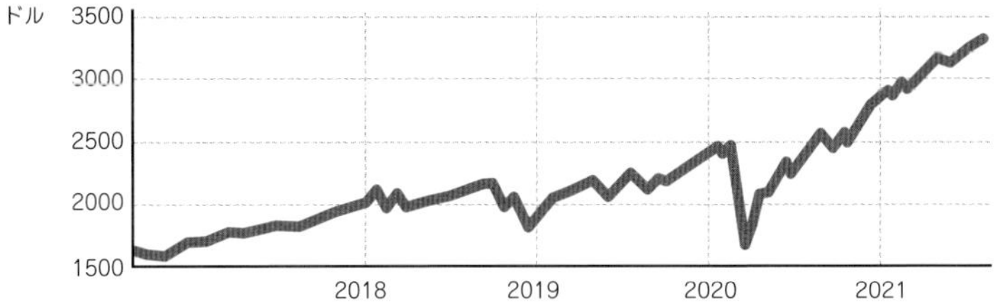

ポイント

日本人でも誰もが知っているような大企業のみならず、中小型株まで余すことなく投資の対象となる。究極の分散投資といえる。連動指数はCRSP　US トータル・マーケット・インデックス。時価総額加重平均型の株価指数に連動し、米国株式時価総額のほぼ 100%をカバーしている。

全米型をベンチマークにした商品

投資信託　**全米株式インデックス・ファンド［楽天］**

運用管理費用	純資産総額	直近 1 年のトータルリターン	基準価額
0.162% 程度	3534 億円	41.9%	18041 円

国内ETF　**UBS ETF 米国株［MSCI 米国］（銘柄コード 1393）**

運用管理費用	純資産総額	直近 1 年のトータルリターン	基準価額
0.03%	651 億円	42.80%	49200 円

米国ETF　**バンガード・トータル・ストックマーケット ETF（ティッカー：VTI）**

運用管理費用	純資産総額	直近 1 年のトータルリターン	基準価額
0.03%	29.9 兆円	30.50%	24709 円（円換算）

★ 主なベンチマークと投資商品⑤ ★

セクター(業種)別型

概要

特定の業種に絞って投資先を選択する投資信託。ETF 購入が中心。全上場企業を対象としたバンガード社と、S&P500 の企業を対象としたステート・ストリート社の提供する、2 つの商品シリーズが有名。

セクター	ティッカーシンボル		構成銘柄
	バンガード社	ステート・ストリート社	
情報技術	VGT	XLK	アップル、マイクロソフト
一般消費財	VCR	XLY	アマゾン、ホーム・デポ
ヘルスケア	VHT	XLV	J&J、ファイザー、アッビィ
生活必需品	VDC	XLP	コカ・コーラ、P&G、ウォルマート
素材	VAW	XLB	デュポン、ダウ・ケミカル
公益	VPU	XLU	サザン、デュークエナジー
資本財	VIS	XLI	スリーエム、ボーイング
通信	VOX	XLC	アルファベット、ネットフリックス
不動産	ー	XLRE	アメリカンタワー、サイモンプロパティ
金融	VFH	XLF	JP モルガン、アメリカン・エキスプレス
エネルギー	VDE	XLE	エクソンモービル、シェル

ポイント

景気動向や相場の流れを見て、これから有望と思われる業種（セクター）を狙って投資する戦略を「セクターローテーション」という。個別の企業をチェックして投資先を探すのは難しいが、ETF なら気軽に成長業種に投資できる。実際、2020 年にはエネルギーや不動産が下落した一方で、情報技術、一般消費財、通信セクターが大きく成長した。

★ 主なベンチマークと投資商品⑥ ★

全世界型

概要

世界には成長を続けている国が多数存在する。米国以外の魅力ある市場にも投資できるのが全世界型の商品だ。

主な構成銘柄

先進国や新興国
約50か国の企業

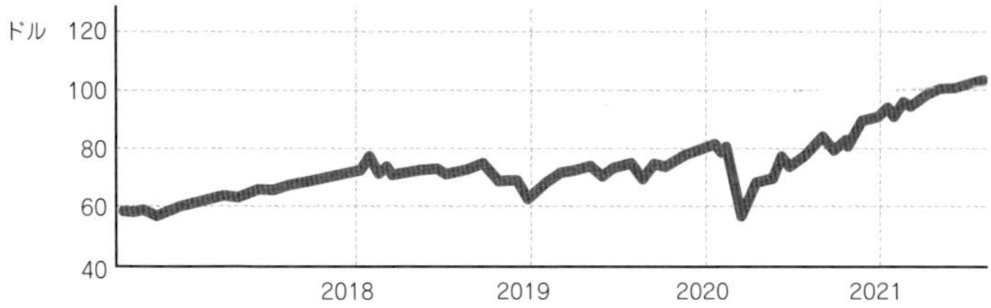

ポイント

外国株で有望なのは米国株だけとは限らない。中国市場やロシア市場など有望な市場は世界各地にあり、新興国などは伸びしろが大きい。多国にわたって投資するので究極の分散投資となる。米国株を含む全世界型と米国を含まない全世界型がある。

全世界型の商品

投資信託 **eMAXIS Slim 全世界株式（オール・カントリー）[三菱UFJ国際]**

運用管理費用	純資産総額	直近1年のトータルリターン	基準価額
0.1144%以内	2810億円	36.34%	15544円

国内ETF **MAXIS全世界株式（オール・カントリー）上場投信［三菱UFJ国際］（銘柄コード2559）**

運用管理費用	純資産総額	直近1年のトータルリターン	基準価額
0.08%	98億円	31.91%	13260円

米国ETF **バンガード・FTSE・オールワールド（除く米国）ETF（ティッカー：VEU）**

運用管理費用	純資産総額	直近1年のトータルリターン	基準価額
0.03%	3.8兆円	21.12%	6783円（円換算）

★ 主なベンチマークと投資商品⑦ ★

高配当型

概要

米国株の中でもとくに高配当の銘柄に投資、そして投資家に定期的に分配金を払う。その配当も3%から 5%前後と高配当を誇る。

主な構成銘柄

JP モルガン
ジョンソン&ジョンソン
ホーム・デポ
プロクター&ギャンブル　など

ポイント

運用益や配当を投資家に分配することが目的のファンド。そのため、運用実績が悪ければ新たな投資資金の流入（口数の増加）がない限り、ファンドの総資産額は減少する。繰上償還の危険性もあることには注意したい。また、国内投信には、運用管理費用が割高なファンドも多いため、長期の資産運用には向いていない。

高配当型の商品

投資信託

米国高配当株式インデックス・ファンド［楽天］

運用管理費用	純資産総額
0.192% 程度	51 億円
直近 1 年のトータルリターン	基準価額
41.53%	13229 円

アメリカ高配当株ファンド（毎月決算型）［ニッセイ］

運用管理費用	純資産総額
1.914% 程度	563 億円
直近 1 年のトータルリターン	基準価額
35.78%	6118 円

米国ETF

バンガード米国高配当株式 ETF（ティッカー：VYM）

運用管理費用	純資産総額
0.06%	4.3 兆円
直近 1 年のトータルリターン	基準価額
29.92%	11500 円（円換算）

★ 主なベンチマークと投資商品⑧ ★

バリュー型・グロース型

概要

企業規模、業績と比較して株価が低い割安株に投資するのが、バリュー型投資信託。一方、成長性が見込める企業の株に集中して運用する投資信託をグロース型投資信託という。

主な構成銘柄

バリュー型
バークシャー・ハサウェイ、JP モルガン　など

グロース型
アップル、テスラ、エヌビディアなど

● ポイント

企業のファンダメンタルズを分析して対象の銘柄を選択する。ベンチマークは CRSP US ラージ・キャップ バリューインデックスや同グロースインデックスなど。どの銘柄をバリュー株／グロース株と扱うかは PBR、PER を基に判断されることが多い。

● バリュー型・グロース型の商品

投資信託

LM・米国・ラージ・キャップ・グロース・ファンド〔フランクリン〕

運用管理費用	純資産総額
1.815%	2.8 億円
直近 1 年のトータルリターン	基準価額
27.85%	47410 円

ブラックロック・USベーシック・バリュー・オープン〔ブラックロック〕

運用管理費用	純資産総額
1.771%以内	355 億円
直近 1 年のトータルリターン	基準価額
50.62%	26603 円

米国ETF

バンガード・米国バリュー ETF（ティッカー：VTV）

運用管理費用	純資産総額
0.04%	9.5 兆円
直近 1 年のトータルリターン	基準価額
31.39%	15603 円（円換算）

バンガード・米国グロース ETF（ティッカー：VUG）

運用管理費用	純資産総額
0.04%	9.2 兆円
直近 1 年のトータルリターン	基準価額
27.61%	32287 円（円換算）

◀ NEXT　成長企業に直接投資　個別株投資

COLUMN

リバランスって何だろう

資産運用を行う際、運用成績によっては資産配分が当初から割合が変化してきます。そのとき配分を最初の割合に戻すことを「リバランス」といいます。

たとえば株式で50%、債券で50%運用していたとしましょう。株式が値上がりし、債券が値下がりすると、資産配分は株式60%、債券40%に偏ります。こうした時に株式を売って債券を買い、株式50%、債券50%に戻す投資行動が「リバランス」です。

複数の投資信託を運用する場合にもリバランスは有効です。投資信託はどうしても運用成績にバラツキが出てきます。運用成績がいい投資信託ほど、投資家が集まり、基準価額が高くなるからです。

大きく占めるようになった投資信託は一部売却して利益確定し、一方割合の小さくなった投資信託・株を増やします。結果として、購入平均単価も下がるため、全体の運用成績をアップさせる効果もあります。

PART 4

成長企業に直接投資 個別株投資

個別株投資のきほん

憧れのあの企業の株主になれる!

あの超有名企業も数万円から買える!

投資信託はリスクが小さく、安定収益が見込める分、利幅が限られます。大きなリターンを狙うなら個別株がおすすめです。

米国市場には、アップルやマイクロソフト、コカ・コーラなど、それこそ世界的に著名な企業が名を連ねます。

これらの企業は、単に有名というだけでなく業績も目を見張るものがあります。**業績が良い企業は、株価が上昇し値上がり益が期待できるうえに、配当も増えます。**

実際、アメリカでは株主還元に積極的です。株式投資の大きな目的であるリターンも満足できることでしょう。

日本株より、リスクの分散もしやすい

米国株は1株から購入できます（日本株は**100株単位）。そのため、数万円で超有名企業の株主になれるのです。これは、日本株との大きな違いです。**

少額資金で投資できるメリットは、限られた資金のなかで分散投資が可能になることです。一つの銘柄、一つの業種に集中投資するというのは大きなリスクを抱えることになります。

リスクを分散させるには、できるだけ業種が異なる銘柄を組み合わせて保有することです。一つが下落しても、別の銘柄で補うようなことも大いにあり得るのです。

ポイント 人気企業は無配当？

グーグルやアマゾンは意外にも無配当企業。株主還元より、設備投資など会社の成長を優先させている。配当狙いには不適当だが、業績が伸びて株価も上昇すれば、株主も大きな値上がり益がゲットできる。

★ 個別株投資のポイント ★

メリット

- 企業の成長（業績アップ）による値上がり益を狙える
- 保有時の手数料がかからない

デメリット

- リスク分散は、自分で考慮する必要がある
- 銘柄選びには目利きが必要

銘柄の選び方は次のページから
説明していくよ

米国株個別銘柄の探し方①

利益率の高い有名企業に投資しよう

身近な分野から投資先を探す

製品やサービスをよく知っている企業の株を購入するのが、株式投資の基本です。企業の動向を敏感に察知できるからです。

しかし米国企業のことはよくわからない……と心配な方もいるでしょう。

そこで**日本でもなじみの深い製品やサービスを提供している企業に目をつけてみましょう**。マクドナルドやアマゾン、マイクロソフトなどです。

ただし、これらの企業は世界的に知名度も高く、好業績が続いているために、すでに株価も割高水準になっていることもあります。

単に「有名」というだけではなく、業績や株価水準もチェックすることが大切です。

次世代を担う企業を見つけ出す！

日本でも著名な米国企業は、すでに世界的な企業ともいえます。いつまでも急成長を続けられるとは限りません。

そこで、**次世代を担う企業を見つけ出し、値上がり益を狙うのも米国個別株ならではの投資法です**。有望な事業で応援したい新興企業に投資するのです。

実際、アマゾンやマイクロソフトといった銘柄は2010年からの10年で、株価が10倍にもなっていました。

ただし新興企業は倒産のリスクも高いので、資産に占める割合は小さめにしましょう。

用語解説　**ダウの犬投資法**

ダウ工業株30種の採用銘柄のうち、配当の高いランキング順に上位10銘柄に投資するやり方。配当重視の長期投資スタイル。なかには、成長性が低く、株価の上昇が見込めない企業が含まれるので、注意しよう。

★ 個別銘柄を探してみよう ★

1 商品やサービスを知っている企業に投資

● ユーザーであれば商品の魅力や企業の成長性を理解しやすい

すでに人気な分
株価が高騰していることも

2 今後伸びていく企業に投資

● 将来性を見越して次世代を担う新興企業に投資

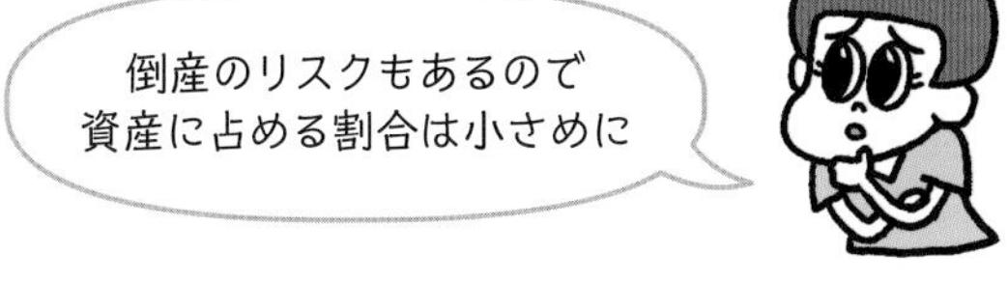

◀ NEXT 高配当株で、手堅くコツコツ儲けよう

米国株個別銘柄の探し方②

高配当株で、手堅くコツコツ儲けよう

▼連続増配の銘柄を買う

米国では「企業は株主のもの」という意識が強く、企業も株主還元に力を入れています。株主優待制度がほとんどない分、配当が手厚くなっています。

個別株では配当利回りが5%を超える銘柄はザラ、なかには8%を超える銘柄もあります。高配当は米国上場企業全体にいえることで、たとえばダウ平均採用銘柄の配当利回りは日経平均配当利回りを上回ります。

また、**重要なポイントは、毎年配当を増やし続けている（連続増配）かどうかです。**これらの企業は、安定した成長を続けており、株主への還元に積極的といえるからです。

▼高配当企業は成長しにくい？

米国市場では、20年以上連続で増配している企業が100社を超えています。コカ・コーラやジョンソン&ジョンソンのように50年以上も連続増配している銘柄もあるのです。

一方、日本の企業で20年以上の連続増配企業は7社しかありません。

ただし、**連続で増配を行っている企業は古くからある企業、いわゆるオールドエコノミーが多く、新興企業のような急成長（値上がり益）はさほど見込めません。**

キャピタルゲイン（値上がり益）を狙うか、インカムゲイン（配当益）を狙うか、投資配分で工夫しましょう。

用語解説　**減配**

業績の悪化などで配当金を減らすこと。米国株は高配当を目当てに買われる銘柄も多く、投資家も株主還元を強く求めているため、減配を大きく嫌う。2020年のコロナ禍で業績悪化した企業が減配を断行したが、多くの銘柄が暴落した。

★ 米国株には連続増配企業が多い ★

連続増配企業とは

➡ **毎年配当額を増やしている企業**

・投資家への還元に積極的
・安定して成長を続けている

● 米国株連続増配ランキング (2021年10月現在)

	企業名	ティッカー	連続増配年数
1	アメリカン・ステイツ・ウォーター	AWR	67
2	ドーバー	DOV	66
3	ノースウェスト・ナチュラル・ガス	NWN	65
4	ジェニュイン・パーツ	GPC	65
5	パーカー・ハネフィン	PH	65
6	プロクター・アンド・ギャンブル(P&G)	PG	65
7	エマソン・エレクトリック	EMR	64
8	スリーエム	MMM	63
9	シンシナティ・ファイナンシャル	CINF	61
10	ランカスター・コロニー	LANC	59
11	ロウズ	LOW	59
12	コカ・コーラ	KO	59
13	ジョンソン&ジョンソン	JNJ	59
14	イリノイ・ツール・ワークス	ITW	58
15	ノードソン	NDSN	58
16	コルゲート・パルモリーブ	CL	58
17	ホーメル・フーズ	HRL	55
18	フェデラル・リアルティ・インベストメント・トラスト	FRT	54
19	ターゲット	TGT	54
20	カリフォルニア・ウォーターサービス	CWT	54

◀ NEXT 銘柄のお値打ち度をチェックしよう

目をつけた企業を精査

銘柄のお値打ち度をチェックしよう

▼各指標で企業の経営状態をチェック

候補がいくつか挙がったら、それぞれの企業について、さらにチェックしていきます。業績が良く高配当の銘柄であっても、飛びついていいわけではありません。ここで問題になってくるのは、株価の水準です。

すでに投資家からの人気が集まり、**高い水準まで買われていたとしたら、今後の値下がりリスクが高いといえるでしょう。そこで株価がどれくらいの水準にあるのか、チェックしてみる必要があります。**

株価の水準を測るモノサシは、業績のほか、企業の資産、配当など複数存在します。詳しくは次のページ以降で説明します。

▼複数の指標でチェックしよう

判断の際に、一つの指標にとらわれず、複数の指標を組み合わせるようにします。指標は、時として異常値が出ることもあるので、総合的に判断する必要があります。

たとえば好業績なのに株価が下がって、割安度が高い株があったとします。しかし、よく調べると、今期の業績をもとに算出された指標では割安でも、次期は業績悪化が予想されており、投資家が逃げ出して値下がりしていた、ということもあるのです。

株価は「未来」を見て動きます。次期の業績から見ればけっして割安ではないというケースもあります。注意しましょう。

用語解説 スクリーニング機能

スクリーニングの意味は「ふるいわけ」。膨大な数の投資先候補のなかから、条件に見合った銘柄を選び出すのに便利な機能。「PERで○倍以下」といった条件ごとに絞りこんで有望銘柄を抽出する。

銘柄選びの重要指標

EPS（1株当たりの当期純利益）

多いほうがいい

算出方法 ―― 当期純利益÷発行済株式総数

判断基準 ―― 多いほうが収益性が高い。前期と今期の EPS を比較することで、企業の成長性も見える。

注意点 ―― 純利益に一時的な特殊要因（たとえば不動産の売却益や株式の評価損）が大きく作用するケースがある。

ROA（総資産利益率）

目安 5%以上

算出方法(%) ―― （当期純利益÷総資産）× 100

判断基準 ―― 保有資産に対する利益の比率。目安は 5%。多いほど経営効率が良い。

注意点 ―― 計算式に株価が入っていないため、ROA 単体では株価が割安かはわからない。また負債があっても利益が出れば大きくなる。

ROE（自己資本利益率）

目安 10%以上

算出方法(%) ―― （当期純利益÷自己資本）× 100

判断基準 ―― 自己資本に対する利益の比率。目安は 10%程度。製造業は低く、サービス業は高くなりやすい。少ないと経営効率が悪いといえる。

注意点 ―― 資産のなかに負債の割合が増えると ROE が高まる。大きい負債を抱えていて、ROE が高い企業には要注意。

◀ NEXT PER、PBR、配当性向、配当利回り

PER（株価収益率）

目安 15倍以下

算出方法(倍) ― 株価÷ 1 株当たり当期純利益

判断基準 ―― 今の株価は会社の 1 年分の利益の何倍か、を測る指標。目安は 15 倍。多いと株価は割高。少ないと割安。

注意点 ―― 業種によっても水準は違う。新興企業は成長性を見込んで高 PER のケースも多い。逆に PER が低く抑えられているということは、投資家から避けられている理由があるかもしれない。

PBR（株価純資産倍率）

目安 1倍以下

算出方法(倍) ― 株価÷ 1 株当たり純資産

判断基準 ―― 今の株価が会社の保有資産の何倍か、という指標。目安は 1 倍。多いと株価は割高。低いと割安。

注意点 ―― 保有資産の中でも「売れ残り商品（棚卸資産）」が多く占めているような場合は、低 PBR とはいえあまり評価はできない

複数のモノサシを使って総合的に判断しよう

用語解説　営業利益・経常利益・当期純利益

営業利益は、売上高から「売上原価」と「販売費および一般管理費」を差し引いて求める。営業利益に営業外損益を加減したのが経常利益。経常利益に特別損益を加え法人税等を差し引いたのが当期純利益。

配当性向

目安 50%以上

算出方法(%) ── 1株当たりの年間配当金額÷1株当たり当期純利益×100

判断基準 ──── 企業がどれだけ株主に利益還元しているかの指標。平均は 30 ~ 50%。米国株では 70%を超える企業もある。

注意点 ──── 配当性向が高い会社は株主還元を重視する分、積極的な設備投資ができていない恐れもある。逆に成長期の会社は設備投資重視で、配当性向が低いことも多い。

配当利回り

目安 3%以上

算出方法(%) ── 1 株当たりの年間配当金額÷ 1 株購入価額× 100

判断基準 ──── 購入した株価に対し、1 年間でどれだけの配当を受けられるか。

注意点 ──── 投資家が購入した時点の株価に影響される。購入時に株価が割安だと、配当利回りは高い数値が出る。ただし、業績予想が悪くて株価が低迷しているときは、配当が減る（減配）の危険性もある。

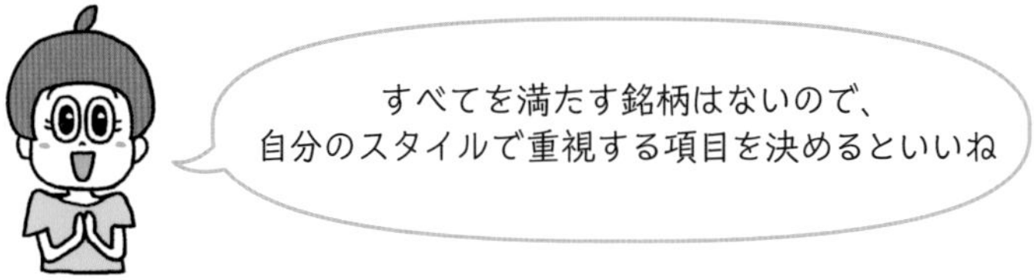

すべてを満たす銘柄はないので、
自分のスタイルで重視する項目を決めるといいね

用語解説 総還元性向

企業が稼ぎ出した利益のなかからどれくらい株主に還元しているかを示す財務指標。配当と自社株買いを合わせた額を純利益で割った数値×100で算出する（%）。数値が高い企業は株主への還元が大きいことを示し、小さい数値の企業は内部留保の割合が多いことになる。

◀ NEXT 株を買うタイミングを見極めよう

今後、株価は上がる？
株を買うタイミングを見極めよう

▼決算は企業の通信簿

企業は3か月に1回、決算発表を行います（本決算と3回の四半期決算）。**業績が良いと株価は上昇し、悪いと下落するのが基本です。**ただし、事前の予想と実際の業績がどれだけ乖離しているかにも注意が必要です。

企業は先々の業績を計画値として公開しています。このほかにも投資家や市場が、独自の業績予想を立てることもあります。

実際の業績が良くても、予測数値を下回れば「失望売り」で株価は下落。逆に業績が悪くても、予測数値を上回れば上昇します。

会社の計画値や市場予想値がどれだけ違ったのか、乖離幅も要チェックです。

▼株式市場全体に影響する政策金利

経済動向や株価に大きく影響を与える要素には政策金利もあります。

金利が上がれば、投資家は高金利に惹かれて債券などに資金を回します。その結果、投資資金が株式市場から流出、株価は下がります。

逆に金利が下がると、預金や債券のメリットが小さくなるので、投資家の資金は株式市場に向かい、株価は上がります。

国家は、経済状況や物価などを観察し、政策金利の操作によってコントロールします。

投資家としては、株を購入する前に、決算や政策金利の変動をしっかり見極めることが大切です（118ページも参照）。

用語解説 中期経営計画

企業が長期的な経営ビジョンを実現するために、中期（3～5年）でやっておくべき課題を具体的かつ明確にしたもの。5～10年といった長期の経営ビジョンを実現するため、中期で売上や利益目標、ROEといった具体的な数値を目標に据えることが多い。

この情報に注目！

四半期決算

発表時期 —— 年４回（３か月ごと）

概要 —— 決算とは、企業の活動の状況についてまとめて公開すること。公表されたものを決算短信という。企業の HP の IR ページや Web で検索すれば出てくる。

ポイント —— 売上・利益は、その期の数値に加え、前年同期比の成長率も見る。さらに、市場の予測とのズレも確認。ズレが大きいほど「サプライズ」となり株価が動く。売上・利益の上方修正や下方修正も株価にインパクトを与える。本決算では次期の見通しも記載されているので要チェック。

連邦公開市場委員会（FOMC）

発表時期 —— 年８回（６週間ごとの火曜）日本時間午前４時（夏時間では午前３時）。とくに３・６・９・12 月が重要。

概要 —— 米国の連邦準備制度理事会（FRB）が金融政策を決定する会合。各総裁・副総裁を含む７名の理事と５名の地区連銀総裁が投票で決める。

ポイント —— 定例会合のうち４回では、委員全員による今後の経済成長率、失業率、物価、政策金利水準の見通しが発表され、FRB 議長が記者会見を行う。過去の事例から利上げ・利下げはこの４回で決まるケースが多い。

GDP速報

発表時期 ── 年4回（1月、4月、7月、10月）。

概要 ──── 米国国内で生産された財とサービスの付加価値の総額がGDP（国内総生産）。個人消費、設備投資、政府支出、純輸出で構成される。

ポイント ── 国の経済規模を測る重要な指標。GDPの伸び率が経済成長率となる。GDPは速報値、改定値、確報値の3段階に分けて発表されるが、為替や株式市場に大きな影響を与えるのは、GDP速報値。

雇用統計

発表時期 ── 毎月第1金曜日［夏時間は日本の21：30、冬時間は日本の22：30］。

概要 ──── 失業率、平均時給、非農業部門雇用者数、製造業就業者数など十数項目にわたって発表される。

ポイント ── もっとも注目されるのは非農業部門雇用者数と失業率。全米約40万件のサンプル調査に基づく。
非農業部門雇用者数は農業従事者、経営者、自営業者を除いた雇用されている者の数。その増減で景気の良し悪しを判断する。FRBも重視していて、利上げ・利下げの判断に大きな役割を占める。

鉱工業生産指数

発表時期 ── 毎月（15日頃）

概要 ──── FRBが発表する経済指標。製造業、または製造業に属する鉱工業の生産動向を指数化したもの。

ポイント ── 2012年を100とした指数で表され、米国の製造業の景況を知ることができる。発表時期がGDPより早いため、経済動向の予想に使える。前月比で何ポイント増減したかが重要なポイント。

消費者物価指数（CPI）

発表時期 ── 毎月（15 日頃）［日本時間では 22：00、夏時間時は 21：00］

概要 ──── 消費者が購入する商品やサービスの価格変動を数値化した指標。

ポイント ── 米国国内都市の小売店・スーパーなどが調査の対象。調査品目のデータを集計して算出される。食料品やエネルギー関連商品は変動が大きいため、この 2 品目の除いたコア指数が注目される。これも FRB が金融政策を決定する上で重要視される指数。

ベージュブック

発表時期 ── FOMC が開催される 2 週間前の水曜日。

概要 ──── 12 地区の連邦準備銀行（地区連銀）が地域の経済状況をまとめた報告書。

ポイント ── 「地区連銀経済報告」とも呼ばれ、報告書がベージュ色のため「ベージュブック」の通称がある。消費支出や製造、金融サービス、不動産。雇用など各項目の状況にも触れる。FOMC の金融政策の変更の判断材料にも使われる。

住宅着工件数

発表時期 ── 毎月（第 3 週頃）

概要 ──── 住宅または建物の建設が開始された数。

ポイント ── 前月からの増減で、住宅投資の好不調のみならず個人消費の景況感を測る指標。住宅建設は、家具や電化製品など耐久消費財の需要増につながり、銀行、雇用、建設、製造などの関連産業にも影響を与えるため、景気の先行きを示す。

◀ NEXT 証券会社のHPやアプリで気軽に情報をゲット

ネットで情報収集

06 証券会社のHPやアプリで気軽に情報をゲット

▼証券会社のHPで基本情報をゲット

株式投資に情報収集は欠かせません。正しい情報収集・分析がなければ成功はおぼつかないと断言できます。

これまで米国株投資の最大のネックとなっていたのは、この情報収集の難しさでした。

しかし現在では、**ネットでどんな遠くの情報でもリアルタイムでゲットできます**。証券会社のＨＰや携帯アプリでも、米国市場のニュースを随時配信しています。最大限活かしましょう。

個別株の基本的な企業情報や株価は、各証券会社のＨＰのほか、Ｙａｈｏｏ！ファイナンスなど金融関連のサイトでも得られます。

▼正しい情報は米国サイトが安心

より鮮度の高い情報を求めるなら、英語版のサイトを見るのも手です。たとえば、Ｙａｈｏｏ！ファイナンスには日本版のほかに、米国版もあります。**株式投資に必要なキーワードさえ押さえておけば、項目や指標の数値を読み取るのは難しくありません。**

また、グーグル翻訳など自動翻訳機能もフル活用しましょう。現地企業のＨＰもこれで読み込めます。

他にも米国証券取引委員会が運営しているＨＰのＥＤＧＡＲでは上場企業が提出している有価証券報告書（10－Ｋ）や四半期決算（10－Ｑ）を無料公開しています。

ポイント 英語での検索に役立つキーワード

株式投資に出てくるキーワードを知っておけば検索にも役立つ。売上高＝Net Sales 営業利益＝Operating profit 当期純利益＝Net income 増益＝increase 減益＝decrease 配当＝dividend 増配＝increased dividends

★ 正しい情報を手に入れよう ★

一次情報をチェックしよう

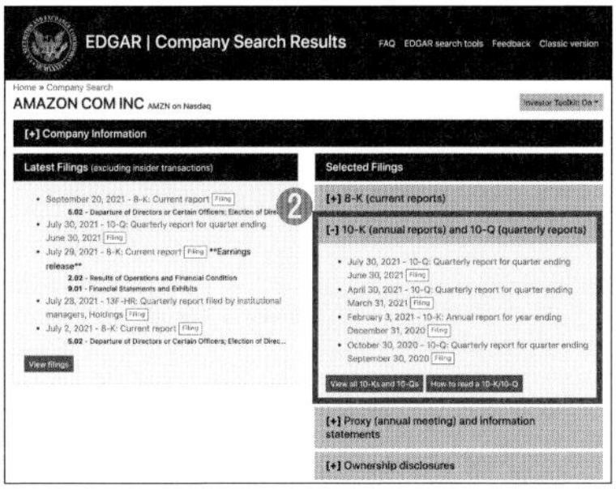

EDGAR

https://www.sec.gov/
米国証券取引委員会が運営するサイト
米国企業の決算短信や有価証券報告書がまとめて見られる

❶ Company fillingsタブをクリックし、Fast Search欄にティッカーを入力

❷ 四半期決算　→ 10−Qを押す
有価証券報告書　→ 10−Kを押す

SNSや噂話はもちろん、プロの話も鵜呑みにしない！

これで儲けました
煽って買わせようとしているのかも？

高成長　IT・通信

アップル（AAPL）

IT機器大手。パソコンやスマートフォン、タブレット端末等の製造・販売を行う。主要製品は「Mac」「iPhone」「iPad」など。デジタルコンテンツも販売。

株価	140.91ドル
PER	28.14
配当	0.88ドル
配当利回り	0.62%

	2018年9月期	2019年9月期	2020年9月期
売上（ドル）	2655億9500万	2601億7400万	2745億1500万
営業利益（ドル）	708億9800万	639億3000万	662億8800万
EPS(1株あたり利益)	3.00	2.99	3.31

高成長　IT・通信

エヌビディア（NVDA）

GPU（グラフィック・プロセッシング・ユニット）などビジュアル技術を提供。メモリ製品の提供も。

株価	209.39ドル
PER	77.89
配当	0.16ドル
配当利回り	0.08%

	2021年1月期
売上（ドル）	166億7500万
営業利益（ドル）	45億3200万
EPS(1株あたり利益)	2.79

成長期待　IT・通信

トリンブル・ナビゲーション（TRMB）

GPS（全地球測位システム）機器の開発。最先端技術を持ち、建設や輸送、農業分野でも事業を展開する。

株価	81.09ドル
PER	40.83
配当	なし
配当利回り	なし

	2021年1月期
売上（ドル）	31億4770万
営業利益（ドル）	4億1900万
EPS(1株あたり利益)	39.80

掲載企業は一例です。購入を推奨するものではありません。必ずご自身で最新情報を確認してください。

高成長　IT・通信

アルファベットC (GOOG)

世界最大の検索エンジンを運営するグーグルの親会社。動画配信のYouTubeやデジタルコンテンツ配信も行う。主な売上は広告収入。GOOGは株主総会の議決権がないCクラスの株式。ほかに議決権のあるAクラス株式（GOOGL）も上場されている。

株価	2758.00ドル
PER	30.68
配当	なし
配当利回り	なし

	2018年12月期	2019年12月期	2020年12月期
売上（ドル）	1368億1900万	1618億5700万	1825億2700万
営業利益（ドル）	263億2100万	342億3100万	412億2400万
EPS(1株あたり利益)	44.22	49.59	59.15

高配当　IT・通信

ベライゾン・コミュニケーションズ (VZ)

大手電気通信業者。ワイヤレス音声、データサービス、クラウドサービスも。ネットワーク事業では世界最大級のIPネットワークを保有。

株価	51.35ドル
PER	10.76
配当	2.56ドル
配当利回り	4.99%

	2020年12月期
売上（ドル）	1282億9200万
営業利益（ドル）	287億9800万
EPS(1株あたり利益)	4.30

連続増配　IT・通信

テレフォン&データシステムズ (TDS)

電気通信サービスを提供。子会社を通じて携帯電話・固定電話の事業を展開。さらに印刷・印刷物郵送サービスも提供。

株価	19.24ドル
PER	13.48
配当	0.70ドル
配当利回り	3.64%

	2020年12月期
売上（ドル）	522億5000万
営業利益（ドル）	25億9000万
EPS(1株あたり利益)	1.97

高成長 IT・通信

マイクロソフト (MSFT)

世界最大のソフトウェア会社。各種コンピュータ向けに開発･製造を行う。ライセンス供与､サポートも。業務自動化・効率化アプリケーションに加え、家庭用ビデオゲーム機器やタブレットも提供。

株価	296.31ドル
PER	37.61
配当	2.48ドル
配当利回り	0.85%

	2019年6月期	2020年6月期	2021年6月期
売上(ドル)	1258億4300万	1430億1500万	1680億8800万
営業利益(ドル)	429億5900万	529億5900万	699億1600万
EPS(1株あたり利益)	5.11	5.82	8.12

成長期待 IT・通信

スカイワークス・ソリューションズ (SWKS)

ワイヤレス半導体メーカー。世界の携帯電話機メーカーに向け、包括的半導体システムソリューションを設計、製造。

株価	155.22ドル
PER	18.88
配当	2.24ドル
配当利回り	1.41%

	2020年9月期
売上(ドル)	33億5700万
営業利益(ドル)	8億9100万
EPS(1株あたり利益)	8.49

地政学 IT・通信

インテル (INTC)

半導体素子メーカー大手。マイクロプロセッサ (CPU) などの設計開発、製造・販売を手掛け、世界市場の60%ほどを占める。競合する台湾企業は中国の脅威にさらされている。

株価	52.26ドル
PER	11.97
配当	1.39ドル
配当利回り	2.66%

	2020年12月期
売上(ドル)	778億6700万
営業利益(ドル)	236億7800万
EPS(1株あたり利益)	4.98

掲載企業は一例です。購入を推奨するものではありません。必ずご自身で最新情報を確認してください。

高成長 IT・通信

オラクル（ORCL）

大手ソフトウェア会社。データベースアプリケーション、ソフトウェアの開発・製造のほかサポート・保守、運用管理サービスも。民間や公的機関などビジネス用途に特化。

株価	96.40ドル
PER	20.19
配当	1.28ドル
配当利回り	1.33%

	2019年5月期	2020年5月期	2021年5月期
売上（ドル）	395億0600万	390億6800万	404億7900万
営業利益（ドル）	135億3500万	138億9600万	152億1300万
EPS(1株あたり利益)	3.05	3.16	4.67

高成長 IT・通信

セールスフォース・ドットコム（CRM）

クラウドアプリケーションやプラットフォームを企業向けに提供。販売、顧客サービス、マーケティングなど。

株価	284.41ドル
PER	116.15
配当	なし
配当利回り	なし

	2021年1月期
売上（ドル）	212億5200万
営業利益（ドル）	4億5500万
EPS(1株あたり利益)	2.50

ポストコロナ IT・通信

トリバゴ（TRVG）

ホテルの宿泊料金をさまざまなサイトで比較、利用者が選べるプラットフォームを提供。世界130万軒のホテルにアクセスできる。

株価	2.57ドル
PER	―
配当	なし
配当利回り	なし

	2020年12月期
売上（ドル）	2億4892万
営業利益（ドル）	▲2億5265万
EPS(1株あたり利益)	▲0.69

楽天証券のみの取扱い

連続増配　一般消費財

コカ・コーラ（KO）

清涼飲料水の製造・販売で世界最大。主要品名は「コカ・コーラ」。500種以上の品目があり、炭酸飲料のほか果汁飲料、紅茶、コーヒー、スポーツ飲料などと多岐にわたる。59年連続増配を行う。

株価	54.24ドル
PER	29.19
配当	1.68ドル
配当利回り	3.10%

	2018年12月期	2019年12月期	2020年12月期
売上（ドル）	318億5600万	372億6600万	330億1400万
営業利益（ドル）	87億0000万	100億8600万	89億9700万
EPS(1株あたり利益)	1.51	2.09	1.80

連続増配　サービス

ウォルマート・ストアズ（WMT）

スーパーマーケットチェーン展開。売上額では世界最大。低価格路線で成長した。世界26か国で事業。

株価	138.37ドル
PER	39.37
配当	2.20ドル
配当利回り	1.58%

	2020年12月期
売上（ドル）	5591億5100万
営業利益（ドル）	225億4800万
EPS(1株あたり利益)	4.77

連続増配　一般消費財

プロクター・アンド・ギャンブル（PG）

世界最大の日用品メーカー。「P＆G」のブランド名で家庭用品の製造・販売を行う。スキンケア用品、電気カミソリ（ジレット）、ベビー用品（パンパース）など。

株価	142.44ドル
PER	26.19
配当	3.48ドル
配当利回り	2.45%

	2021年6月期
売上（ドル）	761億1800万
営業利益（ドル）	179億8600万
EPS(1株あたり利益)	5.69

高成長　サービス

アマゾン・ドット・コム（AMZN）

インターネット通販サイトの運営で米国最大手。あらゆる商品販売で世界展開。企業向けのクラウドサービスも行う。音楽や動画の配信サービスも。

株価	3284.28ドル
PER	57.49
配当	なし
配当利回り	なし

	2018年12月期	2019年12月期	2020年12月期
売上（ドル）	2328億8700万	2805億2200万	3860億6400万
営業利益（ドル）	124億2100万	145億4100万	228億9900万
EPS(1株あたり利益)	20.68	23.46	42.64

高成長　サービス

ペイパル・ホールディングス（PYPL）

電子決済サービスを展開。事業者と消費者を代行してネット上で売買決済を行う。200以上の国と地域、100以上の通貨での決済が可能。

株価	256.36ドル
PER	65.00
配当	なし
配当利回り	なし

	2020年12月期
売上（ドル）	214億5400万
営業利益（ドル）	32億8900万
EPS(1株あたり利益)	3.58

高成長　サービス

ネットフリックス（NFLX）

動画配信サービスの運営会社。ストリーミング配信では自社オリジナル作品も扱う。世界190か国以上で配信。

株価	629.76ドル
PER	65.67
配当	なし
配当利回り	なし

	2020年12月期
売上（ドル）	249億9600万
営業利益（ドル）	45億8500万
EPS(1株あたり利益)	6.26

情報は 2021年10月時点

連続増配　医療関連

ジョンソン&ジョンソン（JNJ）

製薬。医療機器、診断、その他ヘルスケア関連製品を扱う。目薬や鎮痛剤、胃腸薬といった一般用医薬品から精神疾患、抗感染などの治療薬も製造販売。2021年11月、消費者向け事業と医療向け事業の2つに会社分割すると発表。

株価	159.20ドル
PER	24.07
配当	4.24ドル
配当利回り	2.66%

	2018年12月期	2019年12月期	2021年1月期
売上（ドル）	815億8100万	820億5900万	825億8400万
営業利益（ドル）	197億9800万	198億1400万	194億8600万
EPS(1株あたり利益)	5.70	5.72	5.59

連続増配　医療関連

アッヴィ（ABBV）

バイオ医薬品の研究・開発・販売を行う。C型肝炎、免疫学、慢性疾患、腫瘍などの分野に注力。主要製品は関節リウマチ、乾癬、潰瘍性大腸炎に効く「ヒュミラ」。

株価	107.23ドル
PER	29.37
配当	5.20ドル
配当利回り	4.79%

	2020年12月期
売上（ドル）	458億0400万
営業利益（ドル）	113億6300万
EPS(1株あたり利益)	2.62

連続増配　医療関連

ファイザー（PFE）

医薬品売上世界第2位。循環器系、中枢神経系、鎮痛·抗炎症系、がん、ワクチンの開発·販売を行う。新型コロナウイルス感染症のワクチンも開発。

株価	41.42ドル
PER	17.79
配当	1.56ドル
配当利回り	3.73%

	2020年12月期
売上（ドル）	419億0800万
営業利益（ドル）	77億0400万
EPS(1株あたり利益)	1.73

掲載企業は一例です。購入を推奨するものではありません。必ずご自身で最新情報を確認してください。

連続増配　医療関連

スリーエム（MMM）

化学・電気素材メーカー。ヘルスケア分野のみならず産業分野でも事業展開。ビニール、ポリエステルなどが主要製品。医療用テープやオフィス向けでは「ポスト・イット」（粘着ふせん）など。

株価	177.17ドル
PER	17.83
配当	5.92ドル
配当利回り	3.34%

	2018年12月期	2019年12月期	2020年12月期
売上（ドル）	327億6500万	321億3600万	321億8400万
営業利益（ドル）	72億0700万	61億7400万	71億6100万
EPS(1株あたり利益)	9.09	7.92	9.32

高成長　医療関連

サーモ・フィッシャー・サイエンティフィック（TMO）

各種分析機器。ラボ自動化システム、分析データ管理ソフトウェア、バイオサイエンス試薬などを提供。主顧客は製薬会社。

株価	573.56ドル
PER	26.74
配当	1.04ドル
配当利回り	0.18%

	2020年12月期
売上（ドル）	322億1800万
営業利益（ドル）	77億9400万
EPS(1株あたり利益)	21.59

成長期待　医療関連

インテュイティブサージカル（ISRG）

手術支援ロボットの開発・販売。高精度機器は高評価で高シェア。高度外科手術システム分野は2桁成長が続く。

株価	326.00ドル
PER	74.14
配当	なし
配当利回り	なし

	2020年12月期
売上（ドル）	43億5840万
営業利益（ドル）	10億4980万
EPS(1株あたり利益)	4.46

情報は 2021年10月時点

連続増配　エネルギー

シェブロン（CVX）

石油関連を中心に化学、発電などのエネルギー事業を展開。世界180か国でビジネス。燃料電池や水素燃料など代替エネルギーに積極投資。

株価	107.79ドル
PER	57.75
配当	5.36ドル
配当利回り	5.00%

	2018年12月期	2019年12月期	2020年12月期
売上（ドル）	1589億0200万	1398億6500万	944億7100万
営業利益（ドル）	213億2300万	633億4000万	▲67億5600万
EPS(1株あたり利益)	7.81	1.55	▲2.96

連続増配　公益事業

サザン（SO）

アラバマ、フロリダ、ジョージア、ミシシッピ州で電力事業を展開。デジタル無線通信サービスも行う。

株価	62.51ドル
PER	21.44
配当	2.64ドル
配当利回り	4.22%

	2020年12月期
売上（ドル）	203億7500万
営業利益（ドル）	48億8500万
EPS(1株あたり利益)	2.95

連続増配　公益事業

アメリカン・ウォーター・ワークス（AWK）

水道関連の持ち株会社。子会社を通じて米国47州とカナダの一部に水関連サービス提供。排水システムも。

株価	169.40ドル
PER	41.47
配当	2.41ドル
配当利回り	1.42%

	2020年12月期
売上（ドル）	37億7700万
営業利益（ドル）	12億4800万
EPS(1株あたり利益)	4.13

ポストコロナ　金融

アメリカン・インターナショナル・グループ（AIG）

保険を中心とした関連事業を世界的に展開。中小企業向けに損害保険事業、個人向けに傷害疾病・損害・生命保険を提供。航空機リースも手掛ける。

株価	56.21ドル
PER	12.05
配当	1.28ドル
配当利回り	2.28%

	2018年12月期	2019年12月期	2020年12月期
売上（ドル）	476億4000万	499億2000万	437億3600万
営業利益（ドル）	15億6600万	52億8700万	▲58億3600万
EPS(1株あたり利益)	▲0.01	3.79	▲6.88

ポストコロナ　資本財

レイセオン・テクノロジーズ（RTX）

エンジンの製造、航空宇宙製品製造、センサー事業など他分野にまたがる複合企業。ミサイルシステムも扱う。

株価	89.68ドル
PER	―
配当	2.04ドル
配当利回り	2.27%

	2020年12月期
売上（ドル）	565億8700万
営業利益（ドル）	▲18億8900万
EPS(1株あたり利益)	▲2.59

成長期待　工業

ジェイビル・サーキット（JBL）

電子機器受託製造。電子回路設計。コンピュータ支援設計、システム組み立てを各業界にサービス提供。

株価	61.26ドル
PER	13.75
配当	0.32ドル
配当利回り	0.52%

	2021年8月期
売上（ドル）	282億8500万
営業利益（ドル）	10億6500万
EPS(1株あたり利益)	4.58

COLUMN

個別株は何社くらいに分散投資する？

投資信託への投資は自動的に分散投資になります。一方、個別株投資では、意識して複数の銘柄に投資し、リスク分散を図る必要があります。数社に分けて投資し、1 社の株価が下落しても、別の銘柄の上昇でカバーするというイメージです。

単に複数の会社の株を買うのではなく、多業種にわたって分散させましょう。同じ業種の株は、経済状況の変化に対して同じような値動きをするため、分散投資の効果が薄くなってしまいます。ドル高で株価が上がる株、ドル高で下がる株というように経済状況で逆の動きをする組み合わせのほうがリスク分散の効果は高くなります。

具体的にはどれくらいの数の銘柄に分散させたらいいのでしょうか？　保有銘柄が多すぎると、決算発表やリリース発表など企業動向のチェックがどうしても手薄になりがちです。多くても 10 社程度に絞り込むのが良いでしょう。

PART 5

知っておきたい
リスクと売り時の見極め方

リスクを避ける投資法①

株価の変動に一喜一憂しない

米国株は長期投資が基本

米国株への投資は長期をにらんで行います。スキャルピングやデイトレードといった超短期取引は、米国株投資には不向きです。

短期取引では、業績も配当も関係なく、売買を繰り返して小さな利益を積み上げていきます。日本株よりも税金がかかる米国株取引で、あえて短期取引を行うメリットがあまりありません。

繰り返し述べているように、米国株の魅力は、長期保有による値上がり益と高配当です。

米国株取引では、一度購入した株を保有し続けるやり方がメインになります。この戦略を「バイ&ホールド」戦略といいます。

自分のルールを守ることが大切

投資に慣れない初心者は、損を恐れるあまり、小さい利益幅で利益確定したり、逆に下落時に損切りできなかったりしがちです。

それを避けるために、しっかり企業業績をチェックし、株価の動きを見ながら冷静な判断を下す必要があります。

大切なのは自分なりのルールを作ることです。この株は値上がり益目的か、配当狙いか。何%上がったら（下がったら）売却するか、などイメージしてから購入しましょう。

取引記録をつけるのもおすすめです。決済時に、最初の予想と比べてどうだったのか振り返り、マイルールを改善していきます。

用語解説 プロスペクト理論

行動心理学の一つで、「人は合理的な行動をとるとは限らない」という理論。投資行動においては、利益が出ていると、人は損を恐れて利益確定を急ぎ、逆に損失が出ていると、人は取り戻そうとさらにリスクを取りたがる傾向がある。

★ 米国株は長期投資が基本 ★

短期取引 → **小さな利益を積み上げる**

- 売買のたびに税金がかかる（日本株取引よりコストが割高）
- 配当はもらえない

➡あえて米国株でやるメリットがない

長期取引 → **市場や企業の成長で利益を得る**

- 売買回数が少なくコストを抑えられる
- 配当益や値上がり益を狙う

➡米国株の強みを活かせる

● 投資期間と運用成績の関係

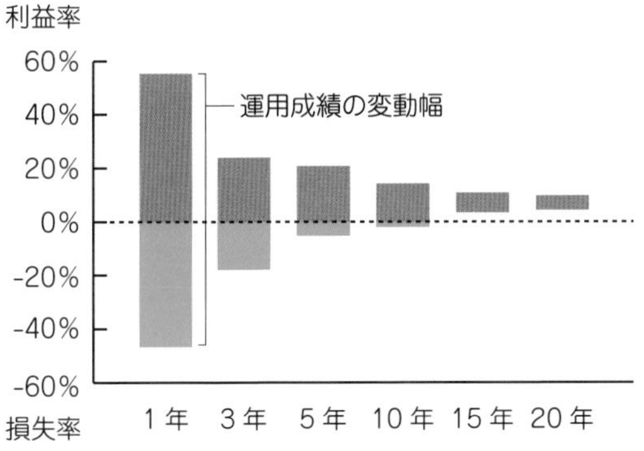

◀ NEXT 企業情報をチェックし売り時を見極める

リスクを避ける投資法②

企業情報をチェックし売り時を見極める

▼長期保有前提でも定期チェックは大切

バイ＆ホールド戦略であっても、大きく株価を動かすニュースは見逃さないようにしましょう。

日本株であれば、「投資先の企業が新製品を開発した」といったニュースは自然と入ってきますが、米国の企業だとなかなかゲットしにくいものです。

最低でも、四半期ごとの決算発表はチェックするようにします。また、為替動向や景気予測の経済指標を見て、マクロな経済の動きをつかんでおきましょう。

必要に応じて定期的に銘柄の入れ替え（リバランス：78ページ参照）も行います。

▼値下がりした時に損切りするべきか

株式投資は「買い」より「売り」のタイミングが難しいとされています。

利益が乗っていれば、判断は難しくありません。保有し続けてもいいし、ある程度の値上がり益を得たら売ってもいいわけです。

問題は株価が下落したときです。将来の値上がりを信じて保有し続けるか、その塩漬け期間は投資機会のロスと考え、損切りをして次のチャンスにかけるか、判断を迫られます。

基本的には購入時に決めた取引ルールに従いましょう。また、次ページからの取引リスクを参考に、市場の今後を見極めることも大切です。

用語解説　スイッチング

投資信託を買い替えること。単に保有している投資信託を売却して、別の投資信託に買い替えるときにもいわれるが、同じ投資信託で為替ヘッジがあるタイプとないタイプの乗り換えや、決算の異なる時期への乗り換えもスイッチングという。

★ 長期投資のポイント ★

❶ 年に4回の決算発表は必ずチェック

証券会社のHPのほかに米国証券取引委員会のサイトも使える（P95）

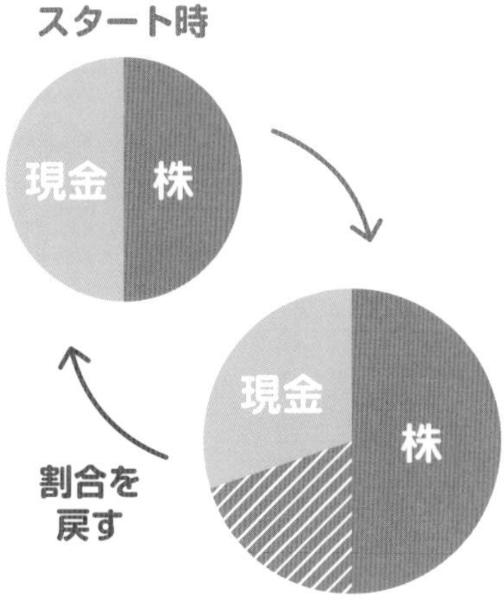

❷ タイミングを見てリバランス

株が値上がりして資産に占める割合が増えていた
（リスクも高まっている）

⇩

斜線部分の株を売って現金に
（リスクをとる範囲を越えない）

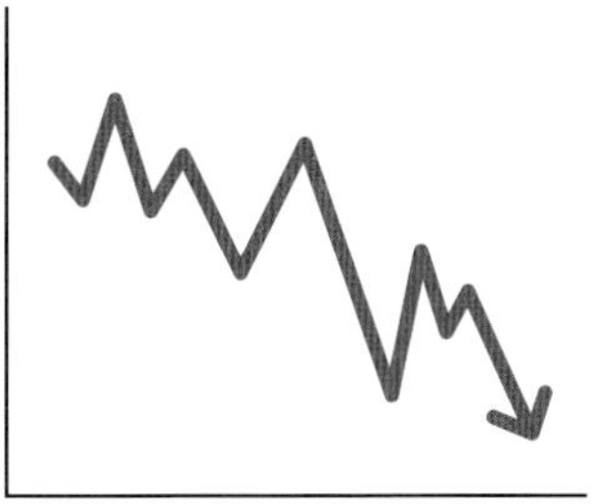

❸ 株価の下落にうろたえない

- 配当目当ての株
  →減配・無配になったら損切り
- 値上がり益目当ての株
  →期待外れの下落をしたら損切り

米国株取引の四つのリスク①

為替リスクと金利変動リスク

▼為替変動で利益が増減する

為替の変動が株式相場に大きな影響を与えるのは周知の事実ですが、外国株への投資はさらに重要な意味があります。

米国株投資の配当や売却益はまず米ドルで得ることになります。

利益を日本円に変えるとき、購入時よりも円高ドル安になっていると、為替差損で利益の手取り分は少なくなります。逆に円安ドル高に振れていれば、為替差益もダブルで享受することになるわけです。

為替は、各国の政策金利の影響を強く受けます。金利が上昇すれば、その国の通貨は高くなります。

▼金利や為替は企業業績にも影響する

金利の変動は、経済にさまざまな影響を与えます。まず米国の金利が上昇すると米ドル高に振れます。米ドル高は自動車など米国の輸出産業にはマイナスになります。逆に米ドル安になれば輸出産業には追い風です。

また、金利が上がると、投資家の資金が債券に流れるので、株価は全体的に下落します。金利が下がると、債券の魅力が薄れて、資金が株式市場に流れ、株価は上昇します。

なお、市場が金利に反応するのは、金利変動が噂されたときや、ＦＲＢが変動の見通しを発表したタイミングです。実際の金利変動よりも前に動くことに、注意しましょう。

用語解説　ヘッジファンド

あらゆる投資手法を使い、上げ相場だけでなく、下げ相場でも利益を追求できるようにしたファンド。ヘッジの意味は「避ける」。下落相場でも資産の目減りを少なくするようにしている。下落相場で空売りをしかけたりするので過去には世界的な通貨危機を引き起こしたことも。

★ 4コマでわかる米国株取引のリスク① ★

為替リスク

金利変動リスク

◀ NEXT 破綻リスクと地政学リスク

米国株取引の四つのリスク②
破綻リスクと地政学リスク

▼株の価値がゼロになる破綻リスク

株式投資で最大のリスクは、株価がゼロになってしまう「破綻」リスクです。投資先が倒産してしまえば、株は紙くず同然になってしまいます。

破綻まではいかなくても、極端に業績が悪化して配当が減らされたり（減配）、配当がなくなったり（無配転落）すると株価は大きく値を下げてしまいます。

投資信託も同じことがいえます。投資信託の運用会社が破綻することは、よほどのことがない限りありませんが、運用が失敗し総資産額が減ると「繰上償還」といって、マイナスになったまま決済されてしまうケースもあります。

四半期決算や運用レポートを定期的にチェックすれば、このリスクは避けられます。

▼政治問題が株価に影響する

最近では地政学リスクもクローズアップされてきています。**地政学とは地理学と政治学の合成語。特定地域の政治的・社会的緊張の高まりが経済に与える悪影響をいいます。**

かつては中近東が地政学的な緊張の高まりを見せていましたが、最近では東アジアで地政学的リスクが高まりを見せています。

２０２１年には、ＮＹ市場に上場していた中国の通信関連企業の3銘柄が上場廃止されました。米中の対立が背景にありました。

用語解説　**タコ足ファンド**

定期的に（たとえば毎月）分配金を出す投資信託。運用益から分配金を出しているように見えるが、内実は投資家から集めた元本を食いつぶしているケースもあり、最終的には繰上償還され投資家が損を被ることも多い。飢えたタコが自分の足を食べる様子にたとえて、こう呼ばれる。

★ 4コマでわかる米国株取引のリスク② ★

破綻リスク

買った後も、
定期的な
情報のチェックは
必要

地政学リスク

国際問題が
報道されている
エリアの株には
要注意

◀ NEXT 株価が暴落したときの対処法

05

原因と許容範囲をチェック

株価が暴落したときの対処法

▼何度も繰り返された大暴落

米国市場は、長期で見れば上昇し続けてきました。しかしいくつかの大暴落があったことも事実です。コロナショックのように半年で値を戻し、さらに上昇することもあれば、ＩＴバブル崩壊時のように、底を打つまで2年、株価回復に6年を要したこともあります。

特定銘柄だけが暴落した場合は、その要因がこの先も業績に影響するかを見ます。長期的な問題や企業の存続にかかわる原因なら、売却を検討します。

個別企業の問題でなく、市場を取り巻く環境が原因のときは、取れるリスクの許容範囲を確認します。

▼まずは資産割合をチェック

貯金、株式など、自分の保有資産を棚卸しして、許容できる損失の範囲を判断します。

値下がりが不安で他のことが手につかないようなら、資産配分を見直しましょう。損失を確定させ、現金の割合を増やすのです。一度リセットしたほうが精神的にも良いでしょう。

値下がりによる損失が許容範囲内なら、保有を続けたほうがいいかもしれません。企業の成長が続くのならば、時間とともにマイナス幅は埋まっていくからです。

暴落が今後にどれだけの影響をおよぼすのか、逆に買いのチャンスとはならないか、冷静に判断するようにしましょう。

用語解説 **恐怖指数（VIX指数）**

S&P500を対象としたオプション取引のボラティリティ（価格変動の度合い）から算出される指標。将来の市場に対する投資家心理を映し出す指数。この恐怖指数（VIX指数）が20を超えてくると、投資家の将来への不安が強くなっていることを示す。

★ 株価が暴落したらどうする ★

個別銘柄の場合

影響が長期化するかをチェック

工場火災

廃プラ規制で
プラ容器廃止

影響は短期
➡保有を続けて OK

プラ容器業者に長期影響
➡売却を検討

大暴落が起こった場合

許容できる損失をチェック

近年の暴落率（S&P500 下落率）

リーマンショック	− 56%
IT バブル崩壊	− 48%
コロナショック	− 34%
ブラックマンデー	− 33%

投資資金が減るかもしれない
➡不安が解消される程度まで売却して損切り。資産配分のうち現金を増やしておく

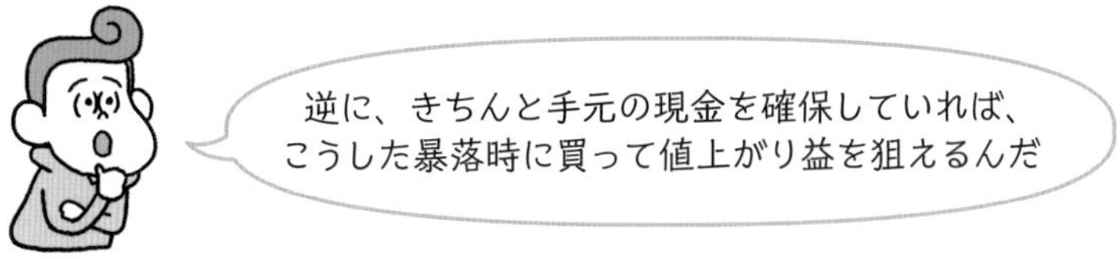
逆に、きちんと手元の現金を確保していれば、
こうした暴落時に買って値上がり益を狙えるんだ

06

今後の株価はどうなる？

政策金利と規制の動きに注目

▼政策金利の引き上げのタイミングに注目

金利の変動は景気に影響するため、政府は政策金利を変動させて、景気を調整します。たとえば、金利が下がると市中に資金が潤沢に流れます。余った資金は株式市場にも流入して株価が上昇へと向かいます。

2021年10月現在、米国はコロナ禍による経済の停滞を立て直すため「ゼロ金利政策」を続けています。これを受けて、株価は史上最高値を更新しました。

しかし、コロナ禍からの経済回復と市場の過熱感を受けて、ＦＲＢは今後の政策金利引き上げを示唆しています。金利引き上げは株価を押し下げる要因です。ただし、市場関係者はそれを予測しており織り込みずみともいえます。いずれにしても、ＦＯＭＣ（91ページ）の動向には注意が必要です。

▼規制が企業の業績を左右する

株価を押し下げる要因には、他に政府の規制強化があります。たとえばデジタル課税や反トラスト法改正などＧＡＦＡに対する規制導入の検討のニュースによって、株価が下落しました。

石炭火力発電所やガソリン車に対する環境規制も、企業によってはマイナスに作用しますが、逆にビジネスチャンスとする企業も出てきます。長期的にその企業が成長を続けられるのか参考にしましょう。

ポイント　今後の米国経済

アメリカが世界経済のトップリーダーである限り、株式市場は目先の波乱はあったとしても先行きは明るいだろう。世界から「知」が集まり、「金」も集まってくることになる。中国がその座をおびやかしているとはいえ、中国の政治的なリスクは高い。

★ 米国株の“これから”を見極めよう ★

FRBの動向をチェック

米国の政策金利の推移

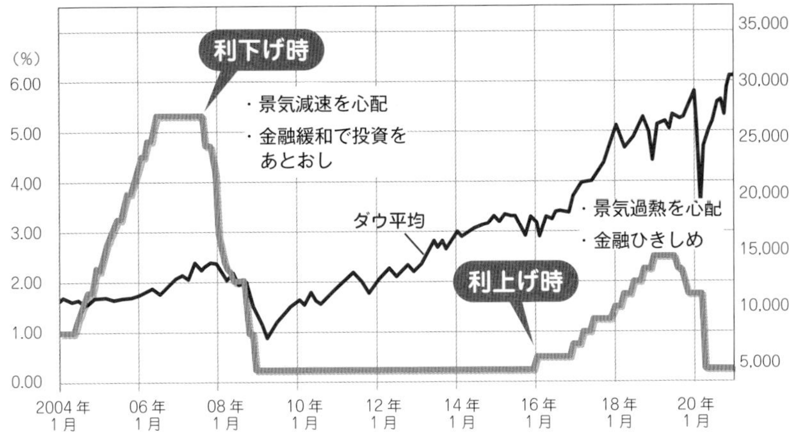

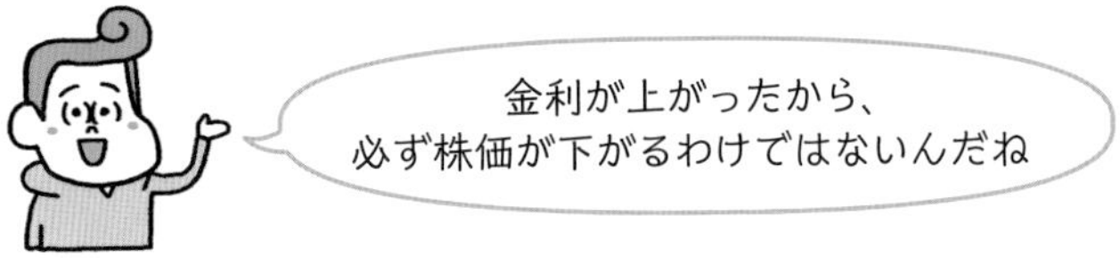
金利が上がったから、
必ず株価が下がるわけではないんだね

政府の規制強化に注目

デジタル課税

- IT大手が対象
- 拠点がなくても課税が可能に

環境規制

- 石炭火力発電所の全廃
- ガソリン車廃止

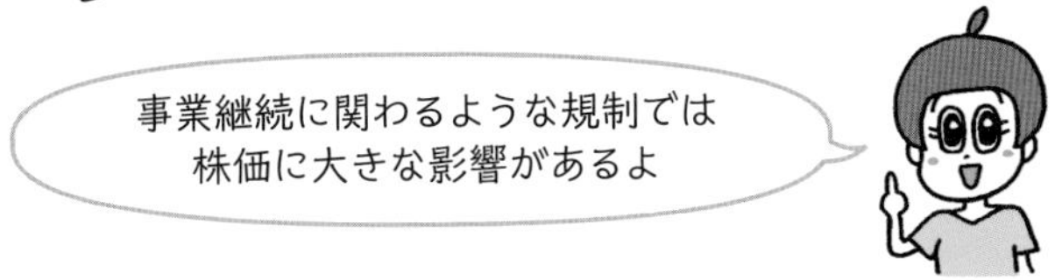
事業継続に関わるような規制では
株価に大きな影響があるよ

◀NEXT 儲けた人と損した人の違いはコレ！

COLUMN

逆イールドが景気後退のサイン？

金利の動向は投資家からも注目され続けています。なかでも逆イールドという現象は、景気後退のサイン、さらには株価下落の予兆として警戒心をもって注目されています。

逆イールドとは、「長期金利と短期金利の逆転現象」です。長期金利とは米国の長期国債「10年物 国債利回り」、短期金利とは短期国債「3か月物 国債利回り」を指します。通常は満期まで時間がかかる長期金利のほうが高いのですが、時として逆転現象（逆イールド）が起きます。

市場が景気後退を懸念すると、株式市場から流出した資金が、安定資産の長期国債に流れます。購入者が殺到した長期国債は利率が低くても売れるため、金利が下がり、短期国債の利回りを下回るというわけです。

実際、過去のケースを見ても、逆イールドが発生するとその後、11か月から24か月の間に景気後退が発生しているといわれます。つまり、逆イールドは投資家が一斉にリスク回避に動き出すスイッチなのです。逆イールドが起こったら、先を見通して、保有資産の棚卸しと売り時の確認をして備えましょう。

PART 6

儲けた人と損した人の違いはコレ！

性格が投資成績を決める？
米国株で儲けた人と損した人の違い

▼性格でも大きく成績に差が出る

米国株に限らず、投資の成績にはその投資家の性格が大きく影響します。

投資を行う最大の動機は、資産を少しでも増やしたいという思いです。この欲が大きくなりすぎると、冷静な判断を狂わせます。

たとえば「買い」の時、少しでも安くなってから買おうと欲張って待っているうちに値上がりしてしまい、買いそびれたり高値でつかんだりするハメになったりするのです。

あるいは一気に儲けようと注目する銘柄に投資資金を全部つぎ込むケース。集中投資といえば聞こえはいいですが、よほどまぐれ当たりがなければ失敗します。

▼いかに心に余裕を持たせるか

投資で成功するには強い自制心が必要です。あれもこれもと目をつけた株に資金をつぎ込んではいけません。

じっくり厳選した銘柄を、ここ一番のタイミングで買うには冷静な判断が求められます。それには欲望をコントロールすることが重要なのです。

また、精神的な余裕を保つには、資金にも余裕を持たせておくことも重要です。

投資資金を全部つぎ込んでしまうと、不安で判断を誤るだけでなく、次に有望な銘柄を見つけたとき、資金が無くて動きようがないということになりかねないのです。

ポイント　**株価に振り回されないのが大切**

投資を行うには、つねに平常心を保つようにしなければならない。冷静な判断が下せなくなるからだ。生活資金や借金で投資を行うことも避けるべき。株価が不安で夜もスマホやパソコンに向かってしまう人はリスクをとりすぎ。資産配分を見直そう。

★ 損をしやすい投資家の4タイプ ★

強欲タイプ

**より多くの
利益を狙おうとする**

アドバイス
株を買う前に利益確定と損切りのラインを決めるなどシナリオを事前に作っておこう！

激情タイプ

**熱くなりすぎてしまい、
冷静な判断ができない**

アドバイス
株の値動きばかりにとらわれずに、もっと会社そのものの成長に目を向けよう！

鵜呑みタイプ

**売買のタイミングも
計らずに推奨銘柄を買う**

アドバイス
株を買う前に企業情報の分析をする習慣をつけよう！

責任転嫁タイプ

**「不景気だから…」
などと環境のせいにする**

アドバイス
損を出した原因を突き止めよう！何が悪かったのか、何が足りないかを洗い出し、次につなげる

冷静さを失わないために
❶資産を全部投資に回さない
❷銘柄も分散させる

ケーススタディ①失敗例

噂を信じて成長企業に投資したけれど

▼時代のテーマに沿った銘柄だったけれど

「これからは電気自動車が主流になる！」
米国株歴2年の中山俊彦さん（＝仮名）がそう確信したのは、環境問題に取り組む姿勢を強く打ち出したバイデン大統領の誕生でした。「バイデン大統領の政策は、ガソリン車に強い制限を加え、その分電気自動車が普及する」と確信したのです。

その中山さんが目をつけた銘柄がテスラ（TSLA）。電気自動車とエネルギー発電・貯蔵を事業の二本柱としている企業です。まさにバイデン政権が推進する政策に乗った事業展開をしていると、投資レポートなどで、はやし立てられていました。

▼結果として高値づかみに……

購入の機会をうかがっていた中山さん。しかし、株価は上昇を続け買いそびれていました。2021年1月初旬、株価は880ドルをつけたあと、ようやく値下がりし始めます。「今がチャンスだ！」とばかりに中山さんは850ドルをやや下回った価格で3株購入しました。日本円にして25万円強です。

ところが2月に入ってテスラの株価は本格的に下落に転じます。テスラにとって悪いニュースが流れたわけではありません。過熱した人気が正常に戻っただけのようでした。

けっきょく3月末、いよいよ600ドルを割り込んだときに損切りしたのです。

CASE STUDY

テスラ（TSLA）

中山さんの収支

購入時	848ドル × 3株 ＝ 2544ドル	774ドルの損
売却時	590ドル × 3株 ＝ 1770ドル	

＼ どうすれば
良かったと思いますか？ ／

安く買おうと欲を出しすぎました。
すぐに買ってしまえばよかったですね。
また、いつまでもテスラに執着してしまったのも
高値づかみの要因でした

◀ NEXT　為替で損失を抱えてしまった

ケーススタディ②失敗例

為替で損失を抱えてしまった

▼円安時に米国株を買ってしまった

「GAFAに対する規制が厳しくなる」この報道後、株価が下がるかと思いきや、すぐに上昇トレンドに戻ったフェイスブック（FB）※の値動きを見て、成田恵美さん（＝仮名）は株式の購入を決めました。

2021年7月、フェイスブック株※を10株購入します。株価は355ドルでした。

その後、株価はじりじり上げていきますが、380ドルを目の前にして下落。成田さんは、焦りを感じます。

「下げて、買値近辺まで一気に落ちていった感じでした。このままでは損失が出てしまうと、慌てて売りました」（成田さん）

▼為替差損分の損失が出た

売値はかろうじて買値を上回る357ドル。「やや買値を上回った水準だったので、手数料を差し引いても、損失は出ていないと思っていました」（成田さん）

しかし、落とし穴がありました。為替の問題です。

購入時の為替は1ドル＝111円台半ばでした。ところが売却時は1ドル＝109円台にまで円高が進行していました。その分、6000円ほどの損失となっていたのです。

米国株投資では為替の問題も忘れてはなりません。

※2021年12月から「メタ・プラットフォームズ（MVRS）」に社名、ティッカー変更。

CASE STUDY

フェイスブック（FB）

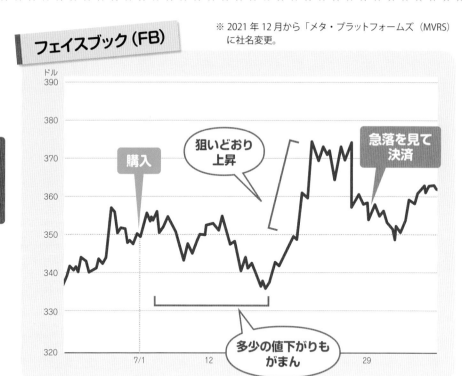

※ 2021 年 12 月から「メタ・プラットフォームズ（MVRS）に社名変更。

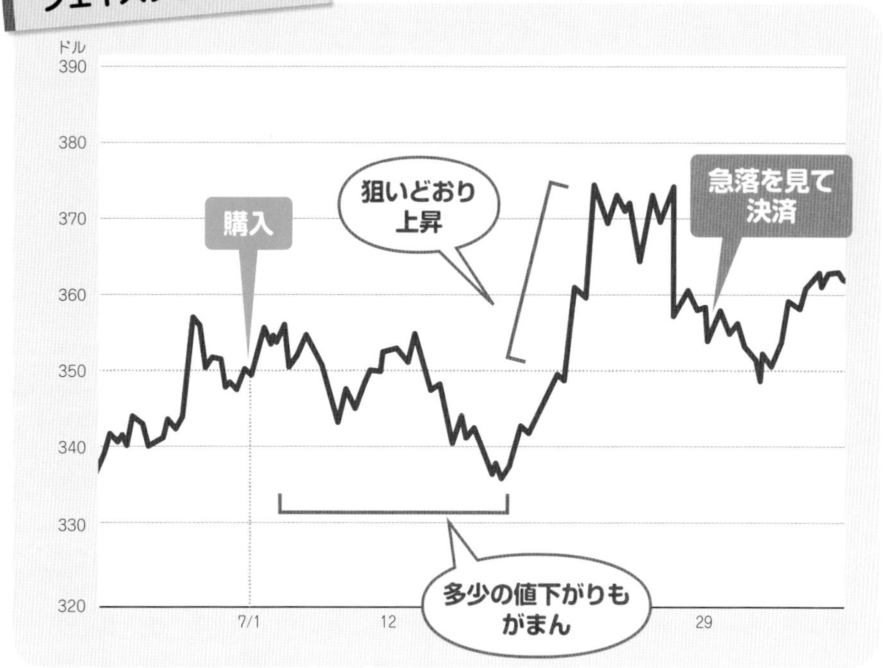

成田さんの収支

手数料はのぞく

購入時	355 ドル × 10 = 3550 ドル	1 ドル 111.65 円	= 39 万 6357 円
売却時	357 ドル × 10 = 3570 ドル	1 ドル 109.40 円	= 39 万 0558 円

6000 円弱の損

どうすれば
よかったと思いますか？

急な円高に気付いていれば、外貨決済して
ドルのまま再投資に回せたと思います

その後再び値上がりしたので
慌てて売ったことも失敗でした

ケーススタディ③成功例

株価の変動にも慌てず長期投資

長期で値上がり益を狙う

長期保有で米国株資産を3倍に増やしたのは、株式投資15年の中田修二さん（仮名）。2013年から米国株投資をスタートさせました。

「アメリカの経済力がなんといっても魅力的でした。そして高配当にも惹かれました」

中田さんが2021年9月現在ホールドしている銘柄は8銘柄。なかには急騰したため売却した銘柄もありますが、基本スタンスはバイ&ホールド戦略です。

そのうち米国株取引開始からホールドし続ける3銘柄あります。最初に購入した銘柄はウォルト・ディズニー（DIS）株でした。

株価が倍増した銘柄はザラ

「選んだ理由は、よく覚えていませんが（笑）、なじみの企業ということだけだったと思います」

2013年に入ってすぐのタイミングに51ドルで50株購入。15年には100ドルを超えましたが、それでもホールド。19年末には150ドルを超えたあと、**20年初頭に下落し、一時100ドルを割り込みます。その時はさらに50株を追加で購入。その後21年には200ドルを超えました。**

ほかにはマクドナルド（MCD）、プロクター&ギャンブル（PG）など購入、長期保有しています。

CASE STUDY

ウォルト・ディズニー（DIS）

中田さんの収支

初回購入時	51ドル×50株＝2550ドル	
追加購入時	99ドル×50株＝4950ドル	購入金額 7500ドル
2021年9月現在	180ドル×100株＝18000ドル	10500ドルの含み益

勝因は？
現金もしっかり持っていたので、
暴落時にも慌てずに、
優良株を買い増す余裕がありました。
配当益も相当なものになっています

◀ NEXT　環境規制の強化を見越して、成長企業に投資

ケーススタディ④成功例

環境規制の強化を見越して、成長企業に投資

長期保有で資金が数倍に

バイ＆ホールドを基本スタイルとする米国株投資歴15年以上の柴山輝樹（仮名）さんですが、時には短期を売り抜けるケースもあるといいます。

2021年9月現在の長期保有銘柄は、

・ドミノピザ（DPZ）…72ドルで50株（現在500ドル超）
・シスコシステムズ（CSCO）…15ドルで250株（現在50ドル台前半）
・JPモルガン　チェース（JPM）…48ドルで150株（現在150ドル超）

いずれも2010年代前半に購入、いまだに保有を続けています。

1年足らずで4倍強の値上がり

「長期保有のほかに、短期的に値上がり銘柄を発掘するのを楽しんでいます」という柴山さんが目をつけた相場テーマは環境でした。

「きっかけは2020年の大統領選挙でした。候補者だったバイデン氏は、『環境対策』に重点を置くと公約に掲げていました。私は、バイデン氏が有利となった段階で、電気自動車の材料を提供するクリー社（CREE）に買いを入れました」

90ドル台で購入したクリー株は1か月足らずで110ドルを超え、そこで柴山さんは売却。その後下落し、いいタイミングで売り抜けられました。

CASE STUDY

クリー（CREE）

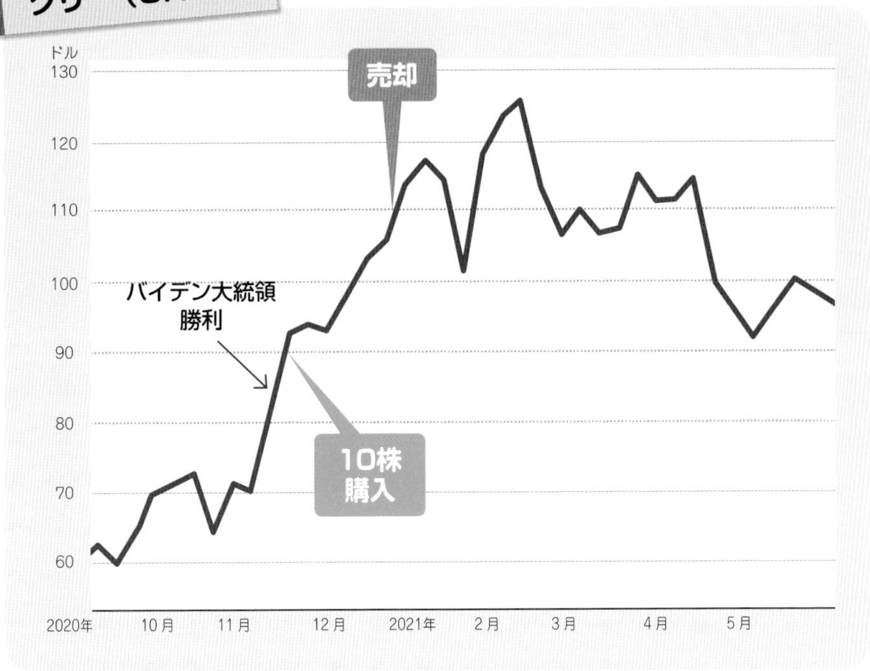

柴山さんの収支

購入時	90ドル×10株＝900ドル
売却時	110ドル×10株＝1100ドル

200ドルの儲け

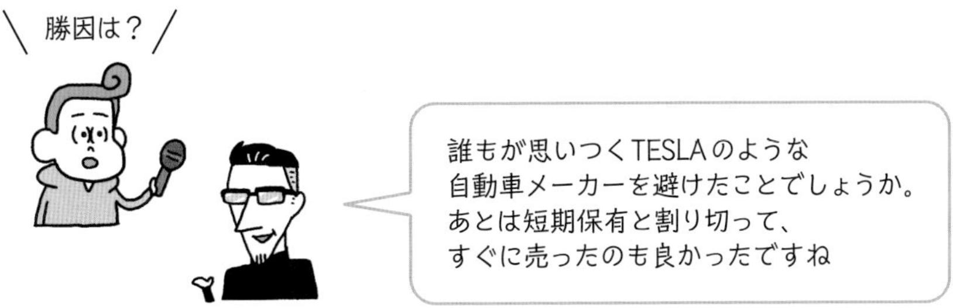
勝因は？
誰もが思いつくTESLAのような
自動車メーカーを避けたことでしょうか。
あとは短期保有と割り切って、
すぐに売ったのも良かったですね

COLUMN

時間を味方にして投資を行う

割安で低価格の株を買い、高値で売却するのが利益を得る鉄則です。しかし、これがそう簡単にはいかないものです。

とくに初心者は、安く放置されている株＝人気がない、という事実を忘れて飛びついてしまい、十分な配当も値上がり益も得られないからと、売却してしまいがちです。

安値の銘柄はこれ以上、下落するリスクは小さいのですが、多くの投資家が避けるだけの問題を抱えています。値上がりに転じるには相応の時間が必要です。

まずは高配当銘柄でコツコツと運用益を得ることをメインにし、値上がり益狙いの投資は資金の一部にとどめましょう。

長期投資で利益を上げるには、「小さく生んで大きく育てる」という気構えで辛抱強く待つ必要があります。とくに投資資金が少ないうちは、早く結果を出したいと焦りやすいものですが、投資には心の余裕が欠かせません。「いつかは報われる」という信念のもとで投資しましょう。

ただし相場の急変や、投資先の経営状態が大きく様変わりしたときは機敏な対応が求められます。

PART 7

成長国の未来を買う
新興国株にチャレンジする

新興国株の特徴

経済成長による株価上昇が期待できる

これから高度経済成長を迎える国に注目

外国には、米国以外にも有望な株式市場がいくつもあります。とくに新興国といわれる発展途上の国々は、これから経済的に大きな成長が望めます。

米国や日本は国の経済が成熟しており、かつての高度経済成長期のような爆発的な発展は望めません。安定成長が続いていくにしても、市場規模が数年で2倍や3倍に急拡大することはまずないでしょう。

しかし**発展途上国であれば、国全体の経済規模も大きく膨らみ、株式市場の拡大も期待できます。**個別銘柄の株価も2倍3倍になる可能性が先進国より高いといえるのです。

人口増加と豊かな資源が国を潤す

新興国におおむね共通しているのは、人口の増加が期待できる点です。労働力や国内消費が増えるため、今後の経済発展の強い原動力になります。さらにインフラが未整備なため、建設などの需要も旺盛です。

また、国土に未開発の豊富な資源を有している国も多く、将来潤いを地元にもたらすという期待もできます。

新興国企業は、**上場企業であっても株価が低く抑えられていることが多く、将来にわたって株価が大きく上昇する余地があります。**そういった可能性を秘めている市場はとくにアジアに残されています。

ポイント 人口と経済成長

先進国の経済が成熟して大きな成長が望めない理由の一つに少子高齢化が挙げられる。移民を積極的に受け入れているアメリカは例外だが、先進国の人口の伸び悩みは経済を停滞させかねない。新興国の人口増は、将来に向けての明るい材料といえる。

★ 新興国株は高度経済成長が期待できる ★

人口が増加

労働力や国内需要が増加し続ける

インフラが未整備

今後、国内で大規模な開発の
ニーズがある

未開発の豊富な資源

貴重な資源が手つかずで残され
今後の産業発展を後押しする

＼さらに／

新興国株は安く抑えられていることが多い

今後大きく上がるかも！
億り人になるチャンス！
落ち着いて！
次のページでリスクを説明してるから、
まず読んでみようよ

新興国株のリスク

外国の影響や政情不安で株価低迷も

▼経済基盤がぜい弱、為替が不安定

もちろん、新興国株もいい点ばかりではありません。なかには**経済基盤が脆弱で、為替も不安定な国もあります**。

また、外国資本への依存度が高く、経済危機を招く要因になります。外国の景気動向、とりわけ米国の金融政策に左右されるのです。

過去には、米国の金利引き上げで新興国に流れていた資金がいっせいに撤退。米ドル高、現地通貨安になった結果、投資資金が目減りしてしまうということもありました。

一時的なクラッシュ（株価暴落）なら株を買い増すチャンスになるかもしれませんが、低迷が長引くケースも多々あります。

▼政治体制が不安定で混乱が起こる

また**新興国は政情が不安定になりやすいことを覚悟しておかなければなりません**。

クーデターなどが起こったときなどは、大暴落必至です。

そこまでいかなくても、米国と政治的な対立が起こると、経済の混乱が生じるケースがあります。たとえばトランプ大統領が就任してから始まった米中貿易戦争は、２０１８年に入って激化。中国株は一方的に下げる展開となりました。

また香港市場では中国当局の規制で、イギリス資本が逃げ出したという事態も発生し、株式市場に悪影響が出ています。

ポイント　新興国通貨の暴落

新興国投資のリスクの一つが、通貨の暴落が挙げられる。たとえばトルコの通貨・リラは2007年頃は1リラ＝100円近くあったが、アメリカとの政治的対立もあって21年には1リラ10円台まで下落。価値は10分の1近くにまで減少した。

★ 新興国株はリスクもいっぱい ★

● 先進国の景気に振り回されやすい

先進国が不景気

金利の高い新興国に
投資資金が集まる

先進国が好景気

資金が一気に流出
通貨安、経済不安の要因に

● 政情が不安定

**日本では想像がつかないような要因で
経済活動が止まることも**

VS

外国との対立

クーデター

暴動・ストライキ

新興国株の買い方

その国の経済を担う代表企業に投資する

▼証券会社で購入できる

新興国投資には、三つの方法があります。

①直接個別株を買う
②その国の株を組み入れたETFを買う
③その国の株を組み入れた投資信託を買う

どの方法も日本の証券会社で取引できますが会社ごとに取り扱う国・銘柄は限られます。個別株の取扱数はあまり多くありません。

海外の証券会社に直接口座を開設するやり方もありますが、コスト面を考えると非現実的。国内の証券会社で買える範囲で有望銘柄を探し出すほうが現実的といえます。

コストは日本株と比べると割高なので、米国株と同様に長期投資を基本戦略にします。

▼国を代表する企業を買おう

情報が入りにくい新興国株のどの銘柄を選択するかは、一つの大きなハードルです。

そこでその国の成長を大きく支えるトップ企業から目をつけてみてはいかがでしょうか。日本でいえば、自動車株のトヨタ、通信株のNTTといったように各業種のシェアナンバーワン企業に狙いを定めるのです。

国の成長とともに企業も成長していくことを前提として、その国の基幹産業から有望銘柄を探しましょう。

証券会社では、取扱銘柄の基本的な情報やチャートなども開示しているので、そこを抑えた上での投資を心がけます。

ポイント トップ企業銘柄の探し方

その国のトップ企業を探すときは、時価総額を指標に使おう。時価総額が大きいほど企業の規模も大きい。とくに将来有望な分野（インフラ関連が多い）で、時価総額が一番大きい銘柄がシェアトップであることが多い。

★ 新興国株の買い方 ★

❶ 個別株を買う

❷ その国の株を組み入れた ETF を買う

❸ その国の株を組み入れた投資信託を買う

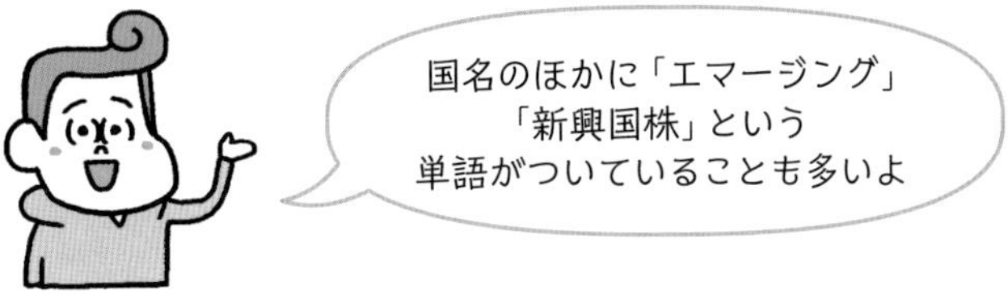

● 個別株の探し方

その国の主要産業を狙う
時価総額の大きい（＝規模の大きい）銘柄を選ぶ

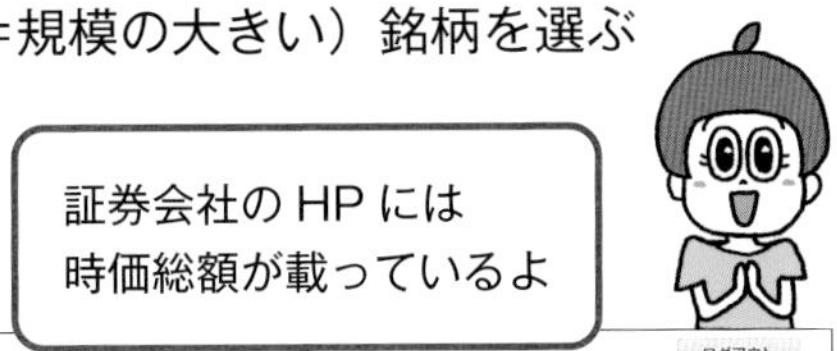

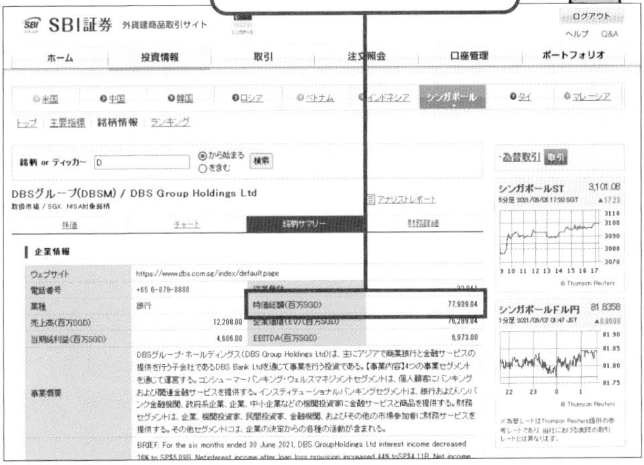

◀ NEXT 新興国株式MAP

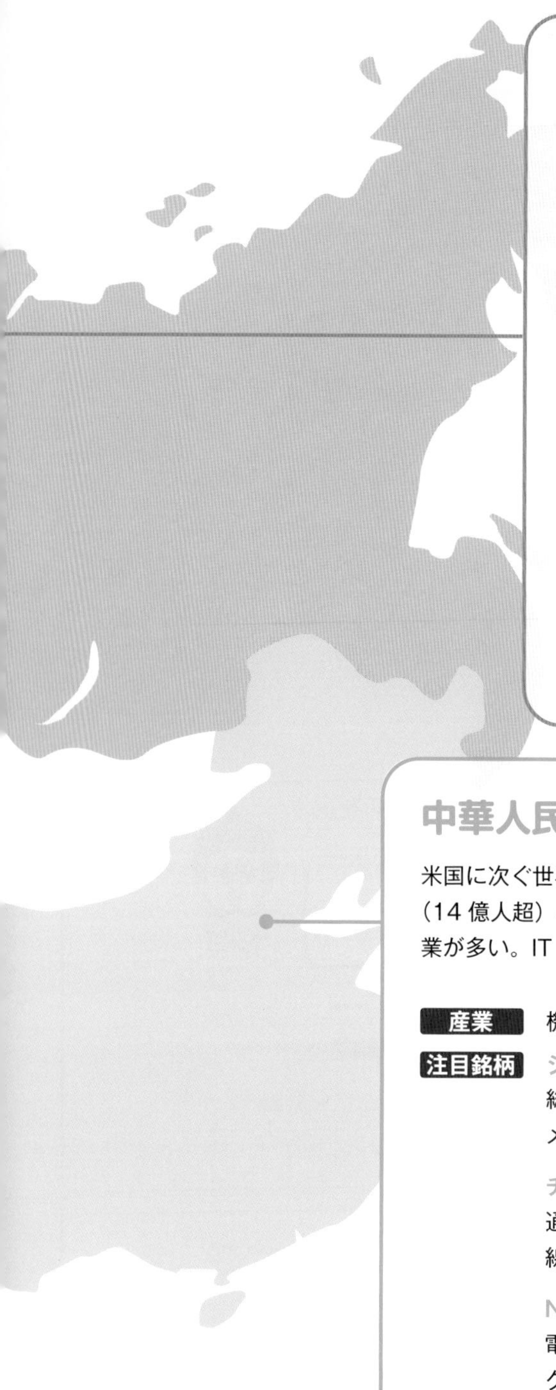

ロシア

世界最大の面積。大統領が強大な権限を持つ。広大な土地には豊富な資源を有し、農業も盛ん。小麦の輸出は世界一。

産業
農業、鉱業（石油・天然ガスなど20品目で世界シェア10位以内）、観光

注目銘柄

ガスプロム
天然ガスの生産・販売

ロスネフチ
石油・天然ガス製品

モバイル・テレシステムズ
モバイル、固定回線音声およびデータ電気通信

中華人民共和国（上海市場）

米国に次ぐ世界第2位の経済力を誇り、世界一の人口（14億人超）を抱える。世界有数のシェアを占める企業が多い。ITなど先端技術開発に国家を上げて注力。

産業 機械、自動車産業、軽工業、化学工業

注目銘柄

シャオミ（小米科技）
総合家電メーカー。世界3位のスマホメーカー

チャイナ・モバイル（中国移動）
通信サービス。モバイル事業のほか、有線ブロードバンドやIoT事業も

NIO（上海蔚来汽車）
電気自動車（EV）メーカー。ニューヨーク市場で株式公開

2021年10月現在。銘柄は一例です。購入を推奨するものではありません。必ずご自身で最新情報を確認して下さい。

新興国株式MAP❶

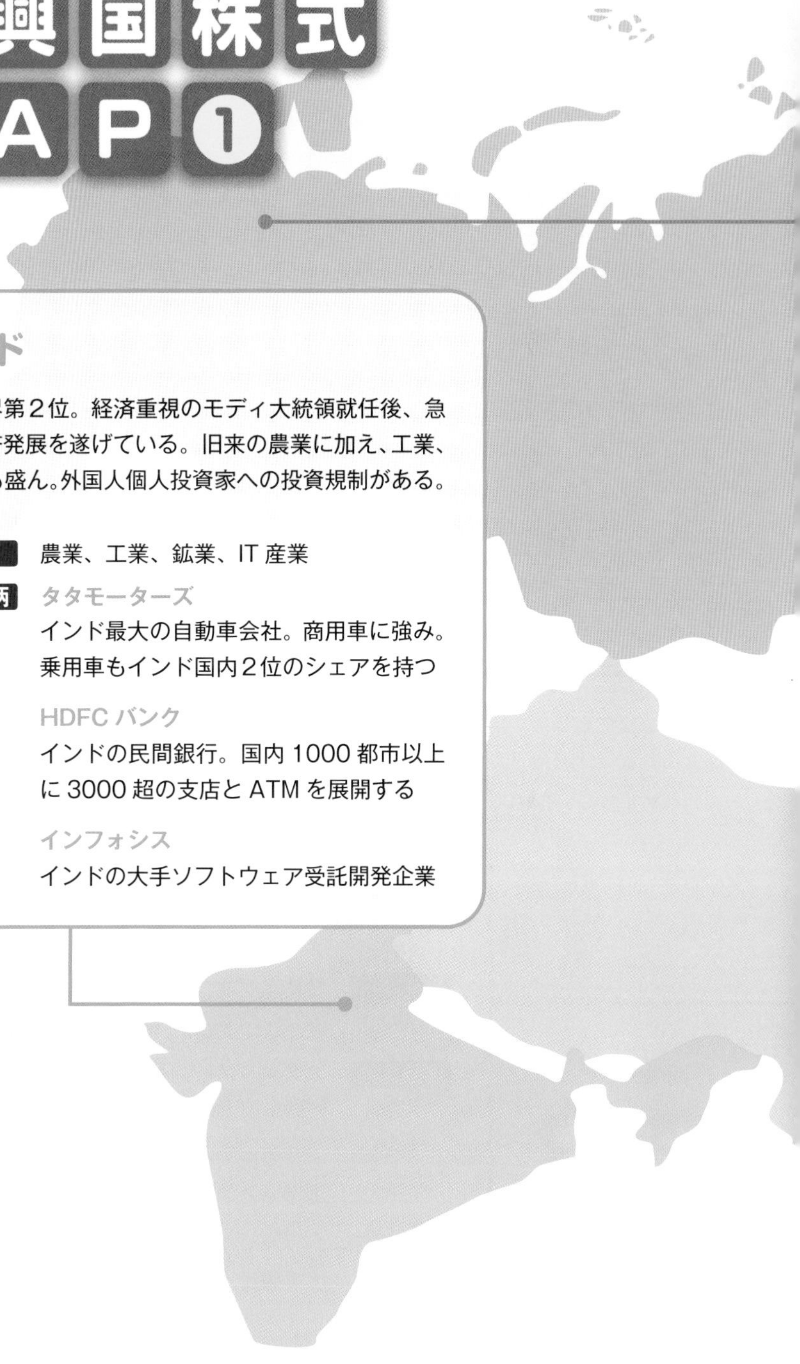

インド

人口世界第2位。経済重視のモディ大統領就任後、急速な経済発展を遂げている。旧来の農業に加え、工業、IT産業も盛ん。外国人個人投資家への投資規制がある。

産業 農業、工業、鉱業、IT産業

注目銘柄

タタモーターズ
インド最大の自動車会社。商用車に強み。乗用車もインド国内2位のシェアを持つ

HDFCバンク
インドの民間銀行。国内1000都市以上に3000超の支店とATMを展開する

インフォシス
インドの大手ソフトウェア受託開発企業

シンガポール

東京23区と同程度の広さの国家。アジアにおける貿易・交通・金融の中心地。1人当たりの国民所得は高水準。

産業

金融、製造（工業）、IT

注目銘柄

DBS グループ・ホールディングス

商業銀行などの持ち株会社

ユーオーエル・グループ

不動産開発・投資、ホテル運営

シンガポール・テレコム

通信システムおよびサービスの運営

ベトナム

インドシナ半島東部に位置する社会主義国。人口は1億人近く、若年層が多く占める。高い経済成長率を誇る。

産業

農業、繊維、電子機器、石油製品

注目銘柄

ビングループ

不動産を軸にショッピングセンターや自動車、学校など多展開

ベトジェットエア

ベトナム国内最大手の格安航空会社。2011年12月の運航開始から飛躍的な成長を遂げる。国内シェア40%

ペトロベトナムガス

石油ガス分野で国内最大手。ペトロベトナムグループ（PVN）の子会社。国内・領海内でのガス田開発も

インドネシア

赤道にまたがる世界最多の島々を抱える島国。人口は2億6000万人と世界4位。東南アジアから唯一G20に参加。

産業　農林水産業、鉱業（石油、すず、天然ガス、金、ニッケル）、軽工業

注目銘柄

アストラ・インターナショナル

財閥企業で自動車・金融サービス・情報技術など

テレコム・インドネシア・ペルソ

国営の通信会社

バンク・ラヤット・インドネシア

大手銀行

2021年10月現在。銘柄は一例です。購入を推奨するものではありません。必ずご自身で最新情報を確認して下さい。

タイ

インドシナ半島の中央部とマレー半島北部に位置する。軍事クーデターによる軍部独裁政権が続き政情不安がある。

産業 農業、観光産業、自動車・自動車部品

注目銘柄

AIS
通信事業会社。タイ最大の通信キャリア

BTS グループ・ホールディングス
鉄道。バンコク市内の高架鉄道。延伸計画あり

ソムブーン・アドバンス・テクノロジー
自動車部品。配当利回りは 8%を超える

マレーシア

マレー半島とボルネオ島の北部からなる国でASEAN の一角。すず鉱など天然資源が豊か。工業化にも成功。

産業 自動車産業、IT、インフラ、鉱業（すず、ボーキサイト、天然ガス）

注目銘柄

テレコム・マレーシア
通信会社。固定電話や移動体通信のほかラジオ・テレビ放送も

マラヤン・バンキング
国内最大の銀行

アシアタ・グループ
マレーシア最大の通信会社。国内のほかインドネシア、タイなど海外でもモバイル通信サービスを行う

新興国MAP

04

米国預託証券とは？
ADRなら新興国の株を米国で買える

▼新興国株が米国で上場されている

140ページ～143ページで紹介した以外にも、台湾、フィリピン、スリランカなど、将来有望な市場はたくさんあります。

しかし、こうした国の株を日本で取り扱っている証券会社はごくわずかです。

とくに、インドは外国人個人投資家への規制が厳しく、2021年10月現在、国内証券会社では、個人がインドの個別株式を購入することはできません。

しかし、**先に紹介した投資信託、ETFを購入するか、米国預託証券（ADR）を購入すれば、投資できます。**

▼ADRは優良企業だけが選抜されている

ADRは「米国市場で取引できる外国株式」を指します。

株を保有する現地銀行に対し「株の預かり証」を発券し、それをNY市場に上場することで、間接的に株式が保有できる制度です。

預かり証は厳密には株式ではありませんが、扱いとしては株式と同じです。

たとえばインドの自動車メーカー「タタモータース」の株式は、証券会社で購入できませんが、ADRならNY市場に上場されています。

米国の上場基準は厳しいため、ADRは優良企業が厳選されている点も安心です。

ポイント　ADRは勝手に発行できる？

ADRでは間接的に外国企業の株が買えるが、その企業がADRの発行を裏付けしている（スポンサーありという）場合と、全く関知せずに預託銀行が勝手に発行している場合がある。もちろん、前者のほうがリスクは少ない。米国市場に上場しているADRはすべてスポンサーありだ。

★ 通常は買えない株が買えるADR ★

● ADRのしくみ

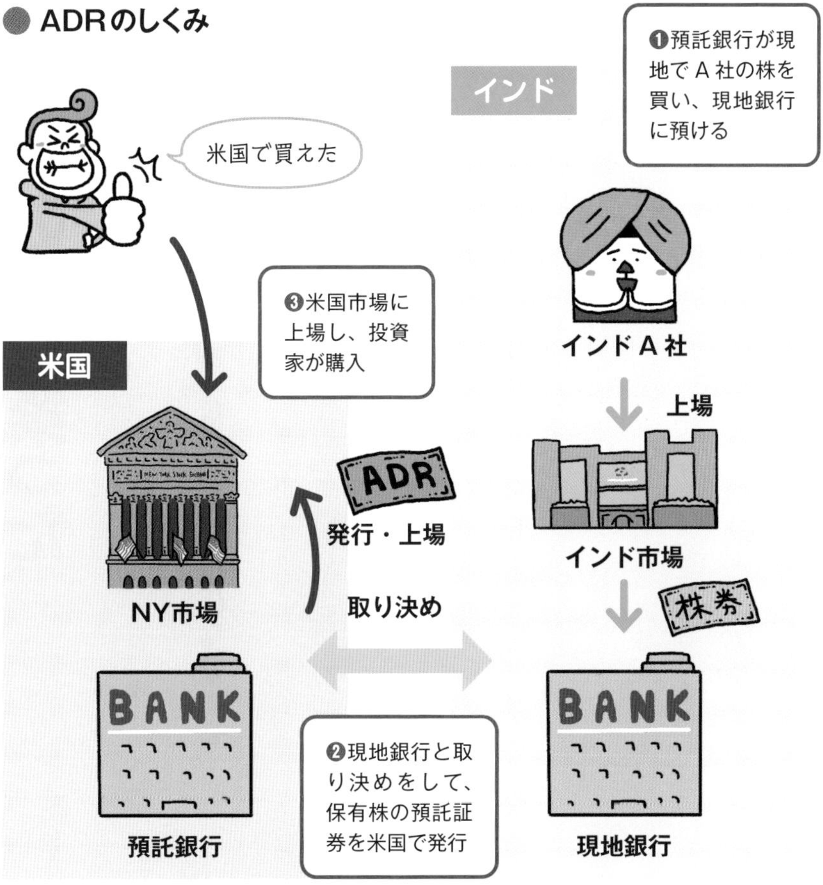

新興国株のケーススタディ　成功例

中国の経済成長の波に乗った

きっかけは香港の中国返還

著者自身の体験談で恐縮なのですが、新興国株投資の事例を紹介します。

香港の中国返還に目をつけ、1995年5月にチョンコン（長江実業）という株を買いました。ネットもない時代、またマネー誌などでもほとんど外国株など取り上げていません。わずかにあるマネー誌の1ページにも満たないコラム記事で目にしただけです。

いまはその名も残らない勧業角丸証券（現SBI証券）の営業担当に相談。現地の証券会社を通して30万円で購入しました。

売却は97年1月。株価は3倍の100万弱でした。

新興国市場なら株価が数倍になることも

これに味をしめた私は97年5月、東洋証券に外国証券取引口座を開設します。

中国経済の成長に期待し、中国国内の業界最大手企業だったチャイナモバイル（中国移動通信）やペトロチャイナ（中国石油天然気）を購入しました。北京夏季五輪（2008年）の直前に株式市場はピークをつけると読んでの長期投資でした。

チャイナモバイルは2003年末に、20香港ドルをわずかに超える水準で2000株購入しました。そして北京五輪開催の半年前に売却したときは130香港ドル超となっていました。

CASE STUDY

チャイナ・モバイル

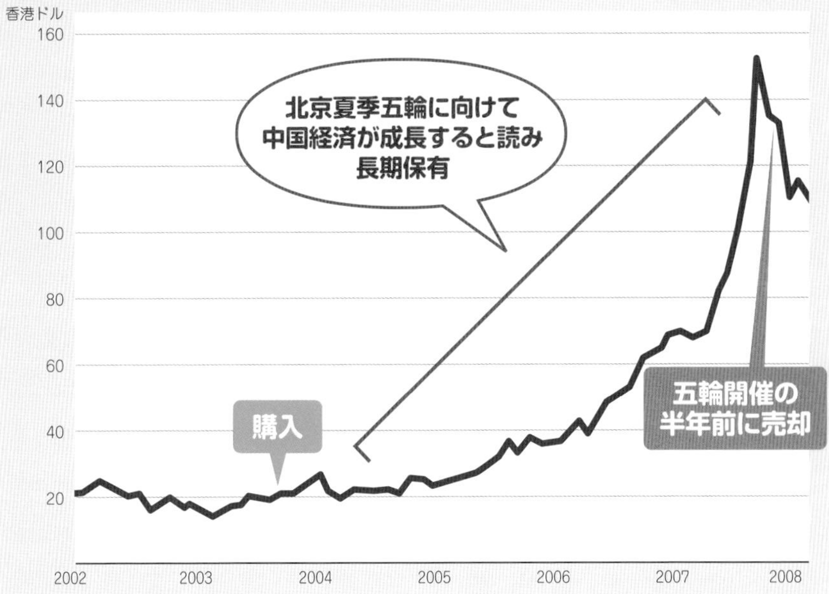

安恒さんの収支

購入時 21.27香港ドル×2000株＝4万2540香港ドル

売却時 133.90香港ドル×2000株＝26万7800香港ドル

約6.3倍

約22.5万香港ドル（約310万円）の利益

勝因は？
2008年の北京夏季五輪に向けて
インフラ整備など経済が活発化すると
読みました。開催前の高値で
売ったのも良かったですね

◀NEXT 使える！ 役立つ！ ここで差がつく基礎知識

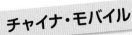

COLUMN

アーリーリタイヤ(FIRE)は本当に魅力的？

会社を早めに辞めて、投資で稼いで生活したい――多くの投資家が夢見ることかもしれません。近年 FIRE（Financial Independence, Retire Early：経済的自立と早期リタイア）という言葉が浸透し、FIRE を目指して投資を始める人も増えています。

ただし、早期リタイアを急ぎすぎるのは考えものです。投資で利益を出すには経験が必要ですし、現実的な利回りによって、コンスタントに毎月の生活費を稼ぎ出すには、相応の資産が必要になります。それを築くまでには時間もかかります。

そもそも投資で稼ぐメリットは、収入に２本目の柱が立つこと。仕事を続けながら株式投資で稼ぐことで、精神的な余裕が生まれ、仕事にも運用成績にもプラスとなるのです。

仕事を持っていたときは、そこそこ運用成績を上げていたのに、トレーダー専業になったとたん、プレッシャーで運用成績が下がった、ということになりかねません。

無理のない人生設計を描きましょう。

巻末付録

投資家の常識！
おトクな制度と
先人の知恵

01

2024年に新しく変わる
新NISAは積立と株式投資の2階建て方式！

▼投資で得た利益への課税がゼロに

投資で得られた運用益、配当金が非課税になるしくみが「少額投資非課税制度（NISA）」です。

NISAの対象商品は上場株式（ETF含む）と投資信託など。1年間の非課税枠は120万円で非課税期間は5年間です。投資枠は毎年追加されるため、最大で年間枠の5倍（600万円）まで非課税で投資できます。

このほかに積立投資に使える「つみたてNISA」があります（年間40万円で20年間。合計800万円分の投資が非課税）。**一人につき一口座のみ、NISAとつみたてNISAの併用はできません（1年単位の変更は可）**。

▼新制度が2024年からスタート

2024年以降は制度の改正が決まっています。一般NISAは、積立と投資の2階建て制度に変更になりました。

1階部分はつみたてNISAと同様の、安定的な投資信託の枠（年間20万円）、2階部分は株式投資に使える非課税枠（年間102万円）です。

2階部分を利用するには、1階部分を利用している必要があります。つまり、投資信託を購入していないと、株式投資に非課税枠が使えません。ただし2024年の制度開始までにNISA口座を開設していた人は、このルールが免除されます。

ポイント NISAの非課税枠の考え方

NISAの非課税枠120万円は、一度株式を購入すると売却しても復活しない。長期保有メインの場合はさほど問題ないが、短期売買ではすぐに枠が埋まってしまう。短期の値上がり益を狙う取引の場合は、NISAをあえて選ばないという選択もできる。

★ 株にかかる税金 ★

● NISA

<table>
<tr><th></th><th>改正前（2023 年まで）</th><th colspan="2">改正後（2024 年以降）</th></tr>
<tr><td>口座開設者</td><td colspan="3">日本在住の 20 歳以上の方</td></tr>
<tr><td>口座開設可能数</td><td colspan="3">1 人 1 口座</td></tr>
<tr><td>非課税対象</td><td colspan="3">株式・投資信託等への投資から得られる配当金・
分配金や譲渡益</td></tr>
<tr><td rowspan="2">非課税枠の上限
5 年間は毎年
新規非課税枠が
追加される</td><td rowspan="2">毎年 120 万円
（5 年で最大 600 万円）</td><td>2 階部分
（一般投資用）</td><td>毎年 102 万円
（5 年で最大
510 万円）</td></tr>
<tr><td>1 階部分
（積立用）</td><td>毎年 20 万円
（5 年で最大
100 万円）</td></tr>
<tr><td>非課税期間</td><td colspan="3">最長 5 年間</td></tr>
<tr><td>口座開設可能期間</td><td>～ 2023 年まで</td><td colspan="2">～ 2028 年まで</td></tr>
<tr><td>投資対象商品</td><td colspan="3">株式や投資信託など
（国債、外国債、FX は対象外）</td></tr>
</table>

開設する金融機関の変更、NISA とつみたて NISA の切り替えは、1 年単位で可能。
期間終了後、新たな非課税投資枠へ移管（ロールオーバー）して継続保有できる。

● つみたて NISA

	改正前（2023 年まで）	改正後（2024 年以降）
口座開設者	日本在住の 20 歳以上の方	
口座開設可能数	1 人 1 口座	
非課税対象	投資信託で得られる分配金や譲渡益	
非課税枠の上限 20 年間は毎年 新規非課税枠が 追加される	毎年 40 万円 （20 年間で最大 800 万円）	
非課税期間	最長 20 年間	
口座開設可能期間	～ 2037 年まで	～ 2042 年まで
投資対象商品	長期投資に適切な投資信託など（金融庁が認定） 売買手数料ゼロ／運用管理費用が基準より安い／ 信託契約期間が 20 年以上	

◀ NEXT　iDeCoで節税しながら投資できる

所得税の軽減効果が高い
iDeCoで節税しながら投資できる

▼自分で運用する個人年金

iDeCo（イデコ）は「個人型確定拠出年金」の略称です。これまでの国民年金・厚生年金へ上乗せする「老後資産形成の援助」を目的に、2017年に導入されました。

加入者は、毎月一定額の掛け金を金融機関に振り込み、金融資産を運用していきます。あくまで年金なので、受け取りができるのは60歳以降になります。

運用できる資産は、預貯金、保険商品、投資信託です。投資信託には、米国株を対象としたファンドもあり、外国株投資も可能です。

2022年からは加入年齢等の要件が緩和されました。

▼運用益だけでなく所得税も非課税になる

iDeCoのメリットは、税金の優遇が受けられることです。**掛け金の全額が所得控除の対象になります。**

たとえば、掛け金が毎月2万円の場合、年間で24万円が控除されます。所得税率が20％の方なら、年間4万8000円の軽減になります。30歳の方なら、受け取りまでの30年間で144万円が節税できます。**運用で得られた利益もNISA同様非課税になります。**

一方、iDeCoのデメリットは、原則60歳まで引き出しが不可能な点です。途中解約は基本的にはできません。また、金融機関に口座管理手数料を払う必要もあります。

ポイント　**つみたてNISAとiDeCoはどちらがお得？**

よく似ている制度だが、一番の違いは途中の引き出しの可否。つみたてNISAは自由だが、iDeCoは原則不可。その分、受け取り時にも税の軽減措置がある。老後資金形成が目的なら積極的にiDeCoを活用しよう。

★ 個人型確定拠出年金（iDeCo）のしくみ ★

1. 20歳～60歳未満※まで加入可能
2. 毎月5000円から積立、投資先を自分で選ぶ
3. 60歳から積立と運用益をもらう

※ 2022年から65歳未満に延長

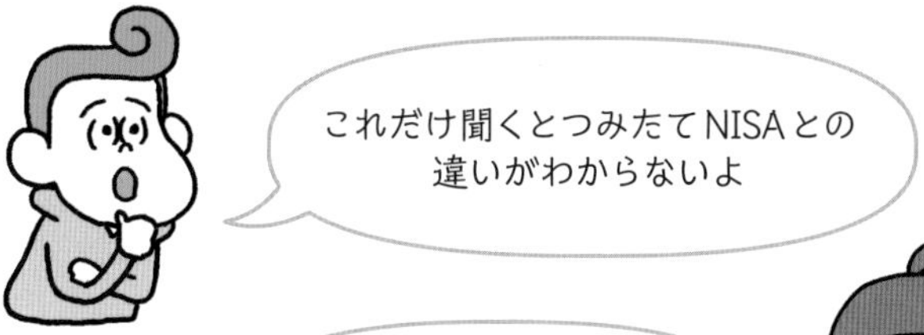
これだけ聞くとつみたてNISAとの
違いがわからないよ

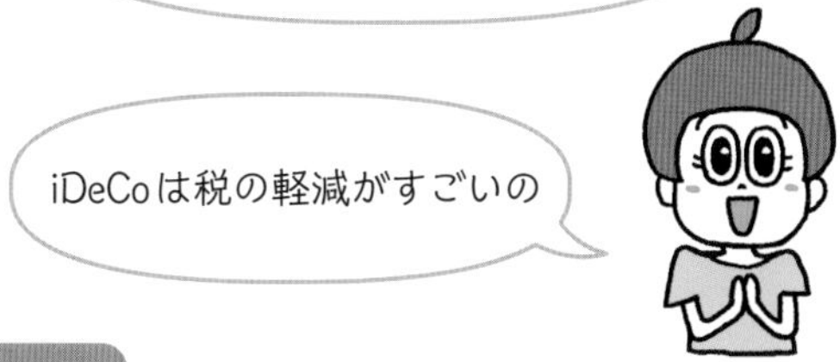
iDeCoは税の軽減がすごいの

iDeCoのメリット

- 掛金は全額所得控除
- 運用益は非課税で再投資に
- 受取時にも税の優遇措置

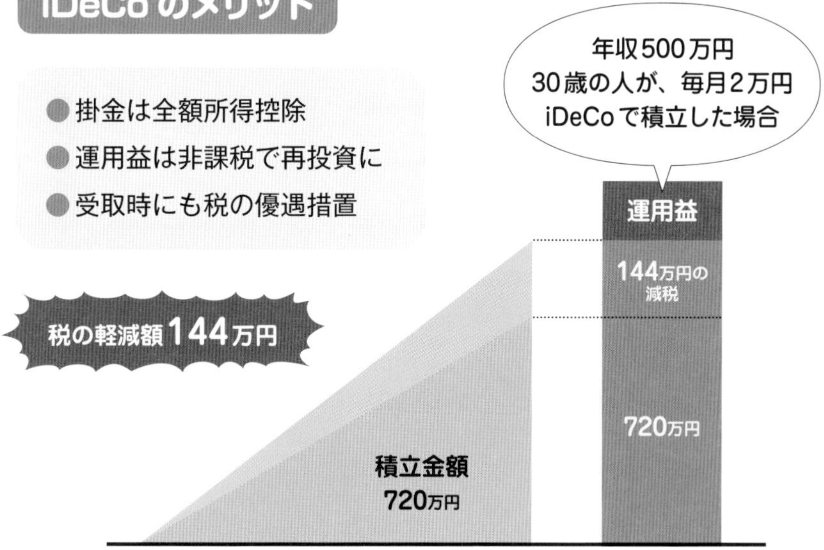
年収500万円
30歳の人が、毎月2万円
iDeCoで積立した場合
運用益
144万円の
減税
720万円
税の軽減額144万円
積立金額
720万円

ゴールデンクロスとデッドクロス … 2つの移動平均線の関係から見えてくる売買のチャンス

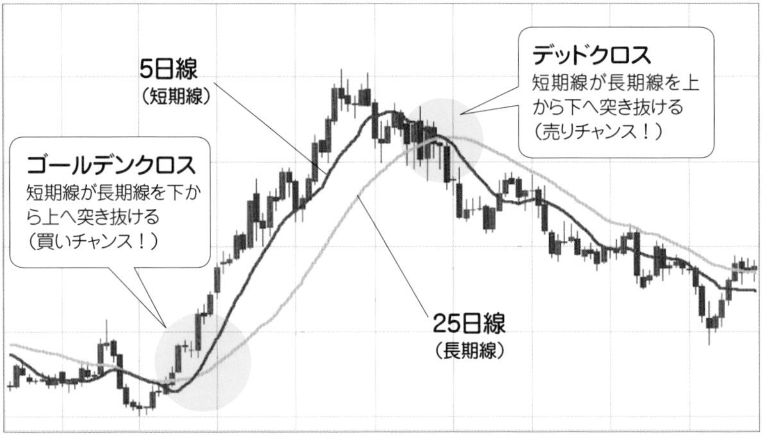

グランビルの法則 … 移動平均線と株価の関係から見えてくる売買のチャンス

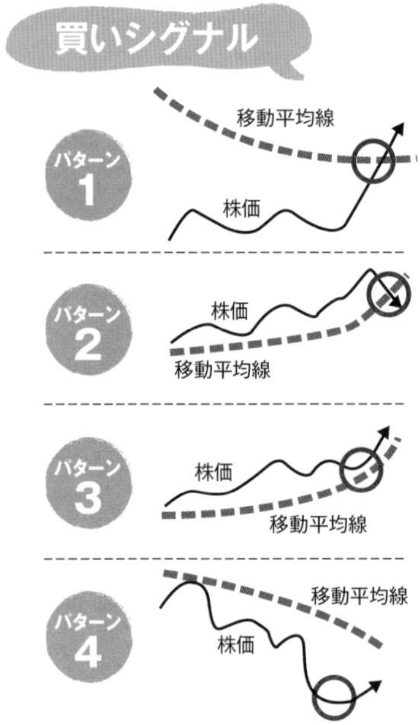

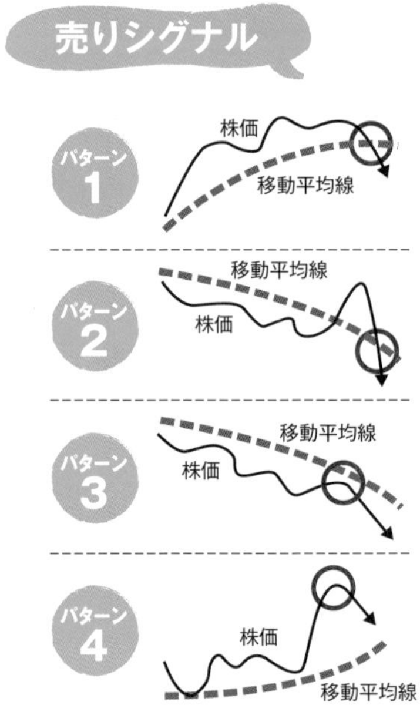

覚えておきたい チャートの見方 基本のきほん

ローソク足 … 一定期間の値動きをあらわしたもの

● 始値より終値が高くなったとき

陽線

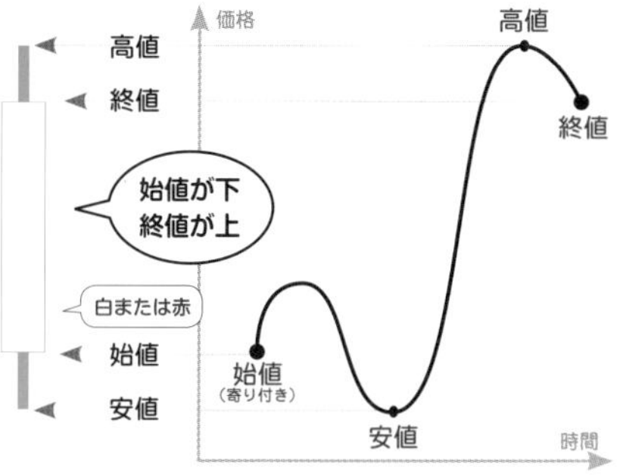

● 始値より終値が安くなったとき

陰線

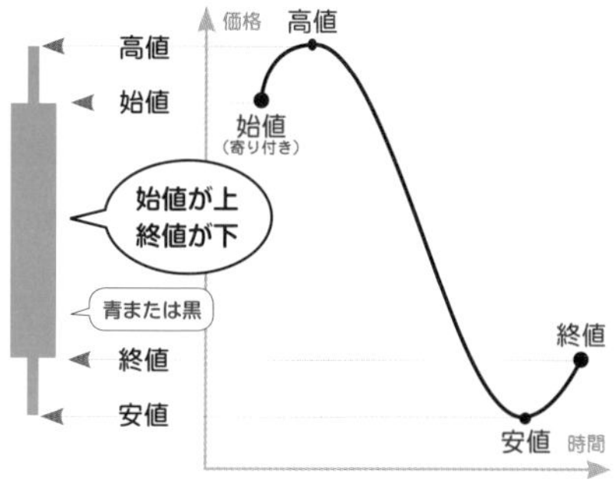

移動平均線 … 過去の一定期間の取引価格を平均してつないだ線。トレンドを見つける参考になる

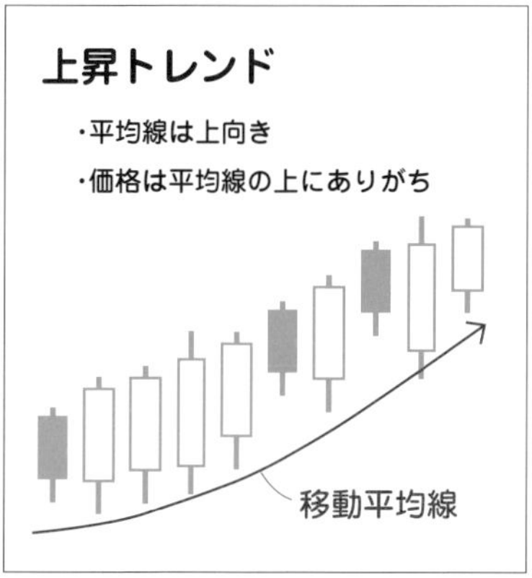
上昇トレンド
・平均線は上向き
・価格は平均線の上にありがち
移動平均線

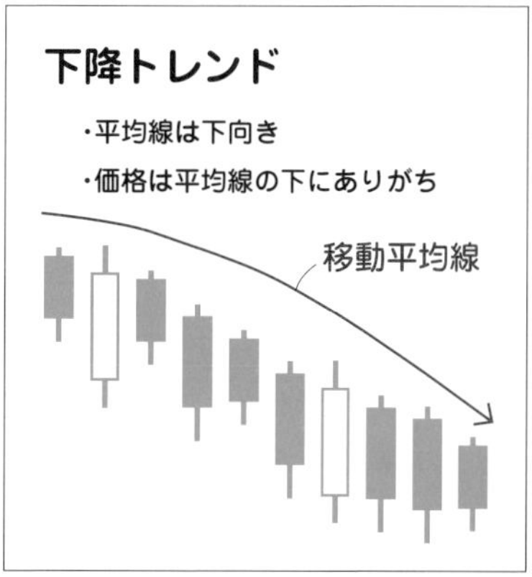
下降トレンド
・平均線は下向き
・価格は平均線の下にありがち
移動平均線

株に関する英単語

share/stock：株式
shareholder/stockholder：株主
blue chips：優良株
investor relations(IR)：投資家向け広報
financial statements：財務諸表
revenue：売上
operating income：営業利益
cost/expense：費用
asset：資産
debt：負債
repurchase/buyback：自社株買い

格言6

The trend is your friend.

「トレンドこそ、あなたの友だち」

トレンドにうまく乗ることができれば、誰でも利益を出すことができる。相場の動きに素直に乗ることが大切。

格言7

Buy the rumor, sell the fact.

「噂で買って事実で売れ」

株は（株価にプラスの）噂の段階で上昇し、その噂が実現したとき、あるいは公のニュースとして知れ渡ったときは、逆に下落してしまうものだということ。

格言8

Buy high, sell higher.

「高値圏で買え、より高く売れ」

誰もが「高くて買えない」と思う高値圏であっても、株価はさらに上がることもよくある、という意味。

格言9

Nobody rings a bell at the market bottom.

「株価が底をつけたとき、ベルを鳴らしてくれる人などいない」

天井や底をつける瞬間は誰にもわからない。わかるのは、後から振り返ったときだけ。底で買い、天井で売ろうなどとは思わないこと。

格言10

Don't catch a falling knife.

「落ちてくるナイフをつかむな」

株価が下落して安くなったからといって、下落途中で買うのはリスクが高い。相場が反転して、上昇に転じたと確認できてから買っても遅くない。

先人の知恵に学ぶ

米国の相場格言

格言1

Do not put all your eggs in one basket.

「すべての卵を一つのカゴに盛るな」

集中投資のリスクを説き、分散投資をすすめる格言。すべての卵を盛ったカゴをひっくり返したら、ぜんぶの卵がダメになることから。

格言2

Never invest in a business you cannot understand.

「あなたが理解できないビジネスに決して投資してはならない」

事業の内容をよく知っている企業の株だけを買うようにするべきということ。たとえば、事業内容も知らずに、ただ「推奨銘柄」だったからといって、慌てて買ってはいけない。よく事業内容を調べたうえで買いを入れよう。

格言3

Plan your trades. Trade your plan.

「取引を計画し、そしてその計画に忠実に取引しろ」

思いつきで株を買ったりしても、成功はできない。綿密に計画を立てて、買いのチャンスをうかがい、そしてタイミングもうまくシミュレーションしてから取引に臨もう。

格言4

Be fearful when others are greedy. Be greedy when others are fearful.

「他人が貪欲なときにおそれなさい。他の人がおそれているときに貪欲になりなさい」

他人と同じ投資行動をとっていては、利益は上げられない。市場が弱気になっているときに株を購入し、市場が強気一色になっているときに株を売る――これが株式投資で成功する秘訣。

格言5

Bulls make money. Bears make money. Pigs get slaughtered.

「牛も熊も利益は得られるが、豚は屠殺される」

ブル（牛・強気）でもベア（熊・弱気）でも利益は得られるが、豚（欲ばりすぎ）は、投資では禁物ということ。

応援ありがと
やった♡

Index

著者

安恒理　やすつね おさむ

1959年福岡県生まれ。慶應義塾大学文学部卒業後、出版社勤務。月刊誌の編集に携わったあと、ライターとして独立する。マネー誌への執筆など、投資からビジネス、スポーツ、サブカルチャーなど幅広い分野で活躍。株式投資歴は、87年のブラックマンデー以降35年以上におよぶ。
メルマガ配信「foomii」にて「株・銘柄選びの極意『今週のイッパツ勝負』（短期投資）、「現代ビジネス」にて中長期投資銘柄を紹介。

〈著書〉
『いちばんカンタン！　株の超入門書　改訂３版』『いちばんカンタン！　株の超入門書　銘柄選びと売買の見極め方』『いちばんカンタン！　FXの超入門書　改訂版』（高橋書店）、『図でわかる株のチャート入門』（フォレスト出版）、『はじめての人のアジア株　基礎知識＆儲けのルール』『ＦＸで毎日を給料日にする！』（すばる舎）、『安心して始める中国株』（廣済堂出版）など多数。

いちばんカンタン！

米国株の超入門書

著　者　安恒　理
発行者　高橋秀雄
編集者　梅野浩太
発行所　**株式会社 高橋書店**
〒170-6014 東京都豊島区東池袋3-1-1 サンシャイン60 14階
電話　03-5957-7103

ISBN978-4-471-21088-5　©YASUTSUNE Osamu　Printed in Japan

定価はカバーに表示してあります。

本書の内容についてのご質問は「書名、質問事項（ページ、内容）、お客様のご連絡先」を明記のうえ、郵送、FAX、ホームページお問い合わせフォームから小社へお送りください。
回答にはお時間をいただく場合がございます。また、電話によるお問い合わせ、本書の内容を超えたご質問にはお答えできませんので、ご了承ください。本書に関する正誤等の情報は、小社ホームページもご参照ください。

【内容についての問い合わせ先】
書　面　〒170-6014 東京都豊島区東池袋3-1-1 サンシャイン60 14階　高橋書店編集部
ＦＡＸ　03-5957-7079
メール　小社ホームページお問い合わせフォームから（https://www.takahashishoten.co.jp/）

【不良品についての問い合わせ先】
ページの順序間違い・抜けなど物理的欠陥がございましたら、電話03-5957-7076へお問い合わせください。
ただし、古書店等で購入・入手された商品の交換には一切応じられません。